Toskanische Küche

Rezepte von **Paola Baccetti, Laura Giusti** und **Franco Palandra**
Fotos: **Colin Dutton**

GERSTENBERG

107449 GR

ATTENZIONE
PERICOLO !

MOTO GUZZI

Inhalt

Schwierigkeitsgrad der Rezepte:

■ □ □ leicht

■ ■ □ mittel

■ ■ ■ schwer

13 La Toscana a tavola

Die toskanische Küche

Der Literaturkritiker und Feinschmecker Pellegrino Artusi (1820–1911) bedachte die Leidenschaft der Toskaner für Gemüse mit folgenden Worten: »Die Toskaner, insbesondere die Florentiner, sind so wild auf Gemüse, dass sie dafür alles andere aufgeben würden.« Artusi gilt als Begründer der italienischen Nationalküche, sein Werk *Von der Wissenschaft des Kochens und der Kunst des Genießens* versammelt Rezepte aus ganz Italien. Die erste Auflage von 1000 Exemplaren veröffentlichte er 1891 noch auf eigene Kosten, doch schon bald wurde das Buch ein großer Erfolg, es wird bis heute verkauft. Artusi stammte ursprünglich aus der Emilia-Romagna, verbrachte aber einen Großteil seines Lebens in Florenz, er kannte also die kulinarischen Vorlieben der Toskaner recht genau. In der zweiten Hälfte des 19. Jahrhunderts war Fleisch in erster Linie Wohlhabenden vorbehalten, daher rührt vermutlich auch der Kommentar Artusis, denn inzwischen ist die bodenständige Küche der Toskana vor allem durch ihre beliebten Fleischspezialitäten bekannt: Hühnerfrikassee *(Cibreo)*, Kutteln nach Florentiner Art (*Lampredotto*, aus den Labmagen des Rindes), Florentinisches Steak (*Bistecca alla fiorentina*, gegrilltes T-Bone-Steak aus Jungochsen der Rinderrasse Chianina), toskanischer Schinken von der Schweinerasse Cinta Senese, die rund um Siena seit über 1000 Jahren gezüchtet wird und *Lardo di Colonnata*, ein fetter, feinwürziger Speck, der in Truhen aus Marmor heranreift.

Die Toskana kann auf eine Fülle an Lebensmitteln zurückgreifen, denn sie liegt einerseits am Meer, verfügt jedoch andererseits über Wälder mit Wild und Weideflächen zur Tierhaltung, Obstplantagen, Olivenhaine und Weinberge. Diesen Umstand wussten bereits die Etrusker zu schätzen, und bevor Etrurien 351 v. Chr. vom Römischen Reich annektiert wurde, zählte es zu den bedeutendsten Ländern im Mittelmeerraum. Der Einfluss der Etrusker ist noch heute in der toskanischen Küche spürbar, zum Beispiel durch Dinkelsuppe und den Gebrauch von Hülsenfrüchten wie Linsen, Kichererbsen und Saubohnen – grüne Bohnen gelangten erst nach der Entdeckung Amerikas nach Europa.

Die Römer übernahmen das vielfältige kulinarische Erbe der Region und verschmolzen es mit ihren traditionellen Zubereitungsarten. Im Mittelalter entstanden weitere, typisch toskanische Speisen wie *Ribollita* (bäuerliche, überbackene Gemüsesuppe), *Panzanella* (Brotsalat) und *Panforte* (süßes Gebäck aus Mandeln,

Mehl, kandierten Früchten, Eiweiß, Honig, Zucker und Gewürzen). Ribollita und Panzanella basieren auf Brot, ein in der Toskana nahezu heiliges Nahrungsmittel, das in unzähligen Variationen zum Einsatz kommt. Eine regionale Spezialität ist *Pane sciocco* (wörtlich: »fades Brot«), dieses Weizenbrot wird ohne Salz gebacken, was auf eine Auseinandersetzung zwischen Florenz und Pisa im 12. Jahrhundert zurückgehen soll. Damals besaß Pisa das Handelsmonopol über viele Gewürze, die deshalb rasche Verbreitung fanden, doch aufgrund eines Streits mit Florenz lieferte Pisa eine Zeit lang kein Salz mehr in die Region. Der Dichter Dante Alighieri erwähnte das salzlose Brot der Toskana sogar im »Paradiso« seiner *Göttlichen Komödie* (1321 vollendet).

Im Verlauf des 15. und 16. Jahrhunderts, der Blütezeit der florentinischen Renaissance, wurde die toskanische Küche durch zahlreiche Rezepte enorm bereichert, einige berühmte wurden sogar nach Frankreich ›exportiert‹, was sicherlich auf Katharina von Medici (1519–1589) zurückzuführen ist, die durch ihre Verehelichung mit Heinrich von Orléans 1547 Königin von Frankreich wurde. Das Essen sowie auch die Tischsitten am französischen Hof waren bis dahin wohl eher deftig und rustikal, durch Katharina wurden feine Speisen mit erlesenen Zutaten und aufwändiger Zubereitung zum Statussymbol. Vor ihrem Eintreffen am französischen Hof soll es auch nicht ungewöhnlich gewesen sein, sich in das Tischtuch zu schnäuzen. Maria von Medici (1575–1642) wurde 1600 die zweite Frau des französischen Königs Heinrich IV., sie schätzte einen luxuriösen Lebenswandel, der sich natürlich auch auf die kulinarischen Genüsse auswirkte. In Italien selbst waren die äußerst wohlhabenden Medici in jener Zeit eine der einflussreichsten Dynastien des Landes. Die raffinierten Kreationen ihrer Köche verblüfften alle, denen die Gunst zuteil wurde, an einem Bankett in einem der Medici-Paläste teilnehmen zu dürfen. Der letzte Großherzog aus dem Hause Medici, Gian Gastone von Medici, starb 1737, und das Großherzogtum ging an Franz Stephan von Lothringen über, den Ehemann von Maria Theresia, wodurch die Toskana unter den Herrschaftsbereich der Habsburger fiel. Was der ausgefeilten Kochkunst der Region allerdings keinen Abbruch tat, im Gegenteil, die kulinarischen Traditionen der kaiserlich-königlichen Monarchie und Italiens befruchteten einander.

MACELLERIA FALORNI

FORNO A
AMEDE
20
ORARIO CONTINUATO
OPEN NO STOP
07.00 - 19.30
SCUOLA DI
COUNSELING
RELAZIONALE
Libera Università del Counseling

VAPORE
GIUSTI

21

Die toskanische Küche

Zumindest an den Fürstenhöfen. Denn die uns heute bekannte toskanische Küche ist vorwiegend schlicht, schließlich war ein Großteil der Bevölkerung über Jahrhunderte arm. Was sie jedoch stets zur Hand hatte, waren einfache und frische Zutaten wie kalt gepresstes Olivenöl, aromatische Tomaten, duftende Kräuter und das bereits erwähnte salzlose Brot. Daraus lässt sich unter anderem eine köstliche Bruschetta zaubern; grob gewürfelte Tomaten mit Basilikum, Knoblauch, Salz und Olivenöl auf geröstetem Weißbrot. Die Qualität des toskanischen Olivenöls ist auf der ganzen Welt bekannt, vor allem das Öl extra vergine – das aus erster Presse gewonnene Öl frischer Oliven. Es hat einen geringen Säuregehalt und einen wunderbar milden, fruchtigen Geschmack. Dafür werden die Oliven noch unreif und grün vom Baum gepflückt; würde man sie ausreifen lassen, enthielten sie wesentlich mehr Säure.

Die geografischen Gegebenheiten der Region haben zweifellos zur Vielfalt der Nahrungsmittel und damit der Küche beigetragen, zur Unterscheidung in Fleisch- und Fischgerichte. Die Toskana gleicht einem Mosaik aus lokalen Kochtraditionen, die sich zuweilen mit denen der benachbarten Provinzen vermischen. So ist die Küche der Versilia-Küste, die an Ligurien grenzt, ganz anders als jene von Livorno und der Maremma. Im nördlichen Apennin gedeihen Kastanienbäume, deren Früchte in vielen Rezepten verarbeitet werden. Ausgedehnte Ebenen und sanfte Hügel bilden ideale Voraussetzungen für die Kultivierung von Oliven und Wein. Die sumpfige Maremma galt einst als gefürchteter Herd von Malaria; sie wurde erst im späten 19. Jahrhundert trockengelegt, doch das Maremmaner Rind wurde schon früher dort gezüchtet, da es sich bevorzugt von wilden Gräsern ernährt. Die Herden werden von berittenen Hirten, den Butteri, gehütet, die normalerweise auf dem typischen Pferd der Maremma, einem Maremmano reiten. Das Fleisch der Maremmaner Rinder gilt als besonders schmackhaft.

Die toskanische Küche kann einfach oder raffiniert sein, vornehm oder bäuerlich, doch sie ist stets authentisch und schmackhaft. Das gilt gleichermaßen für ihre delikaten Süßwaren, in deren Rezeptur das Echo vergangener Zeiten widerhallt, jener Zeit, als Florenz und die Toskana das Zentrum des europäischen Handels- und Finanzwesens bildeten.

Vorspeisen

26
Vorspeisen

Panzanella

Brotsalat

Zutaten für 4 Personen:

- *400 g altbackenes, helles Landbrot oder Weißbrot*
- *4 vollreife Tomaten*
- *2 rote Zwiebeln*
- *2 kleine Gurken*
- *einige Basilikumblätter*
- *Salz*
- *1 Schuss kalt gepresstes Olivenöl*
- *1 Schuss Rotweinessig*
- *Basilikum zum Garnieren*

- Das Brot in dicke Scheiben schneiden und 20 Min. in kaltem Wasser einweichen.

- Inzwischen die Tomaten waschen, vom Stielansatz befreien und in kleine Würfel schneiden. Zwiebeln sowie Gurken schälen und ebenfalls fein würfeln. Die Basilikumblätter waschen, trocken schütteln und mit der Hand in kleinere Stücke reißen.

- Die Brotscheiben einzeln vorsichtig ausdrücken und in feine Stücke zupfen. In eine Salatschüssel geben.

- Das geschnittene Gemüse über dem eingeweichten Brot verteilen, das Basilikum darüber streuen. Mit Salz würzen und mit Olivenöl marinieren. Gut durchmischen und etwa 1 Std. in den Kühlschrank stellen.

- Vor dem Servieren einen Schuss Essig darüber gießen, den Salat nochmals gut vermischen und mit einigen Basilikumblättern garnieren.

Wein:

»Rosato« - Toscana IGT Rosato - Castello di Ama, Gaiole in Chianti (Siena)

Crostini neri toscani

Crostini mit Leberaufstrich

Zutaten für 6 Personen:
- *1 Knoblauchzehe*
- *1 kleine rote Zwiebel*
- *400 g frische Hühnerleber*
- *2–3 Salbeiblätter*
- *2–3 EL kalt gepresstes Olivenöl*
- *Salz*
- *Pfeffer*
- *100 ml Vin Santo (Dessertwein) oder trockener Weißwein*
- *150 ml Geflügelbrühe oder -fond*
- *60 g Kapern (aus dem Glas)*
- *1 TL Sardellenpaste (aus der Tube)*
- *Saft von ½ kleinen Zitrone*
- *6 dicke Scheiben altbackenes Toskanabrot*

Tipp:
Sie können das Brot vor dem Beträufeln im Ofen rösten, dann werden die Crostini knuspriger.

- Knoblauch und Zwiebel schälen und fein hacken. Die Hühnerleber von etwaigen Sehnen und Häuten befreien, kalt abspülen und trocken tupfen. Die Salbeiblätter in feine Streifen schneiden.

- Olivenöl in einer Pfanne mittelstark erhitzen. Knoblauch, Zwiebel, Salbei und Hühnerleber hinzufügen. Salzen, pfeffern und 15–20 Min. bei milder Hitze braten. Dabei gelegentlich umrühren.

- Die Hühnerleber aus der Pfanne nehmen und mit einem scharfen Messer fein hacken. Wieder hineingeben und die Hitze erhöhen. Sobald die Leber leicht am Pfannenboden anhaftet, mit Vin Santo oder Weißwein ablöschen. Das Ganze nochmals 5 Min. köcheln lassen.

- Geflügelbrühe oder -fond erhitzen. Die Kapern abtropfen lassen.

- Die Kapern in einem Mixer pürieren, die Sardellenpaste daruntermengen und die Mischung zur Hühnerleber geben. Erneut etwa 3 Min. köcheln lassen.

- Den Zitronensaft unterrühren und weitere 3 Min. garen. Sollte die Paste zu zäh sein, etwas Geflügelbrühe oder -fond hinzufügen.

- Die Brotscheiben auf einer Platte auslegen. Mit restlicher Geflügelbrühe oder restlichem Fond beträufeln und gleichmäßig mit Leberpaste bestreichen.

- Lauwarm servieren.

Wein:
»Rosato« - Toscana IGT Rosato - Podere Le Cinciole, Panzano in Chianti (Florenz)

Focaccia toscana

Toskanisches Fladenbrot

Zutaten für 6 Personen:

- *100 ml warmes Wasser*
- *25 g frische Hefe (ca. ½ Würfel)*
- *½ TL Zucker*
- *900 g Mehl Type 405 (oder italienisches Mehl Type 00)*
- *1 TL Salz*
- *10 EL kalt gepresstes Olivenöl (wahlweise 3 EL Schweineschmalz)*
- *500 ml warmes Wasser*
- *neutrales Öl für die Form und zum Bestreichen*
- *grobes Salz*
- *1 TL frische Rosmarinnadeln*

Tipp:
Das Brot wird weicher, wenn Sie anstelle von Olivenöl 3 EL Schweineschmalz verwenden. Welches Fett Sie nehmen, ist natürlich Geschmacksache.

Wein:
»Rosato« - Toscana IGT Rosato - Castello di Ama, Gaiole in Chianti (Siena)

- In ein kleines, hohes Gefäß 100 ml warmes Wasser geben. Die Hefe hineinbröckeln und den Zucker zugeben. Gründlich verrühren und bei Zimmertemperatur stehen lassen, bis sich Schaum an der Oberfläche gebildet hat.

- Das Mehl in eine große Schüssel geben. Das Salz untermischen, Hefeansatz, Olivenöl und 500 ml warmes Wasser hinzufügen. Das Ganze mit beiden Händen gründlich vermengen. Den Teig aus der Schüssel nehmen und kräftig durchkneten.

- Eventuell noch etwas Wasser hinzufügen. Der Teig sollte weich und leicht klebrig sein. Mit einem sauberen Küchentuch bedecken und 1 Std. 30 Min. an einem warmen Ort gehen lassen.

- Nach 1 Std. Gehzeit den Backofen auf 180 °C aufheizen.

- Eine feuerfeste, rechteckige Form dünn mit Öl auspinseln. Die Hände mit Mehl bestäuben und den Teig gleichmäßig in der Form verteilen, er sollte etwa 1,5 cm dick sein. Mit den Fingerspitzen die charakteristischen »Löcher« eindrücken. Die Teigoberfläche mit Öl bestreichen und mit grobem Salz sowie Rosmarinnadeln bestreuen.

- Das Brot circa 25 Min. im Backofen backen. Anschließend den Ofen ausschalten und das Brot noch gute 5 Min. darin ruhen lassen. Dann zum Abkühlen auf ein Kuchengitter stürzen.

- Lauwarm oder abgekühlt servieren.

Caffè degli Artigiani
mangiare e bere
VIA
TOSCANELLA

Tortino di ricotta e tartufo

Ricotta-Trüffel-Törtchen

Zutaten für 6 Personen:

Für die Törtchen

- *Butter für die Förmchen*
- *1 Frühlingszwiebel*
- *30 g Butter*
- *2 Eiweiß*
- *200 g Ricotta*
- *2 EL frisch geriebener Parmesan*
- *80 ml Sahne*
- *1 gehäufter EL Trüffelcreme (aus dem Glas)*

Für die Garnierung

- *1 Kopf Friséesalat*
- *1 Eigelb*
- *1 TL Dijon-Senf*
- *1 gehäufter EL Trüffelcreme (aus dem Glas)*
- *Saft von ½ Zitrone*
- *100 ml kalt gepresstes Olivenöl*
- *1 EL Weinessig*
- *1 gute Prise Salz*
- *eingelegte Steinpilze (aus dem Glas, optional)*

Tipp:
Küchenfertige Trüffelcreme oder -paste im Glas erhalten Sie in Feinkostgeschäften, gut sortierten Supermärkten oder über das Internet. Studieren Sie die Zusammensetzung auf dem Etikett genau, manche Produkte enthalten lediglich Aromen, aber keine echten Trüffel.

- Den Backofen auf 160 °C vorheizen. 6 feuerfeste Förmchen einfetten.

- Die Frühlingszwiebel putzen und fein schneiden. Die Butter in einer Pfanne erhitzen und die Frühlingszwiebel darin glasig dünsten.

- Die Eiweiße zu steifem Schnee schlagen. In einer Schüssel Ricotta, Parmesan, Sahne, Eischnee und Trüffelpaste gut vermischen. Die Frühlingszwiebel untermengen.

- Die Masse auf die Förmchen verteilen. Diese in eine rechteckige Backform stellen und so viel Wasser zufügen, bis die Förmchen bis zur halben Höhe darin stehen. Die Backform auf dem Herd erhitzen. Sobald das Wasser kocht, die Backform vorsichtig auf die mittlere Einschubleiste des Ofens stellen. Die Törtchen 30 bis 40 Min. backen.

- In der Zwischenzeit die Garnierung zubereiten. Den Salat putzen, waschen, trocken schleudern, in mundgerechte Stückchen zupfen und auf 6 Teller verteilen.

- In einer kleinen Schüssel Eigelb, Senf, Trüffelpaste und Zitronensaft verquirlen. Nach und nach das Olivenöl unterrühren, bis eine sämige Creme entsteht. Zum Schluss Essig und Salz unterrühren.

- Die Törtchen aus dem Ofen nehmen, aus den Förmchen lösen, jeweils auf einem Salatbett drapieren und mit Trüffelcreme versehen. Nach Belieben mit eingelegten Steinpilzen garnieren.

- Lauwarm servieren.

Wein:
»Spante« - Toscana IGT - Terre del Sillabo, Lucca

Bruschetta ai porcini e fettunta all'aglio

Bruschetta mit Steinpilzen und Knoblauch

Zutaten für 6 Personen:
- *4 mittelgroße, frische Steinpilze*
- *2 Knoblauchzehen*
- *kalt gepresstes Olivenöl*
- *1 EL frisch gehackte Petersilie*
- *Salz*
- *etwas Chilipulver*
- *100 ml trockener Weißwein*
- *12 Scheiben Toskanabrot*
- *Pfeffer aus der Mühle*

- Die Grillfunktion des Backofens vorheizen.

- Die Steinpilze mit einem feuchten Tuch säubern – möglichst nicht waschen, dadurch verlieren sie an Aroma und saugen sich zudem mit Wasser voll. Anschließend der Länge nach in feine Scheiben schneiden.

- Eine Knoblauchzehe schälen und fein hacken.

- Einen Schuss Olivenöl in einer Pfanne erhitzen. Knoblauch, Pilze, Petersilie, Salz und etwas Chilipulver hinzufügen. Bei mittlerer Hitze etwa 10 Min. dünsten. Dabei mehrmals umrühren. Mit Weißwein ablöschen und den Alkohol verdampfen lassen. Die Pfanne vom Herd nehmen.

- Die Brotscheiben im Ofen pro Seite in ca. 1 Min. goldbraun rösten. Die zweite Knoblauchzehe schälen, halbieren und jede Brotscheibe auf einer Seite damit einreiben. Die Scheiben in einer flachen Form auslegen. Jeweils salzen, pfeffern und mit reichlich Olivenöl beträufeln. Die Steinpilzmasse auf den Scheiben verteilen und das Ganze warm servieren.

Variation: Sollten Sie kein Freund von Knoblauch sein, können Sie diesen auch weglassen. Das Gleiche gilt für das Chilipulver.

Wein:
»Rosso di Montepulciano« - Rosso di Montepulciano DOC - Poderi Sanguineto, Montepulciano (Siena)

37
Vorspeisen

Bruschetta al pomodoro

Bruschetta mit Tomaten

Zutaten für 6 Personen:
- 6 vollreife Tomaten
- 2 Knoblauchzehen
- 10 frische Basilikumblätter
- kalt gepresstes Olivenöl
- 6 Scheiben Toskanabrot
- Salz
- schwarzer Pfeffer aus der Mühle

- Die Tomaten waschen, vom Stielansatz befreien und in feine Würfel schneiden.

- Die Knoblauchzehen schälen und fein hacken. Die Basilikumblätter in kleine Stücke zupfen.

- Die Tomaten in einer Schüssel mit reichlich Olivenöl begießen, Knoblauch und Basilikum untermischen. Das Ganze kräftig salzen und pfeffern.

- Die Brotscheiben entweder im Toaster oder unter dem Backofengrill auf beiden Seiten goldbraun rösten. Anschließend reichlich mit den marinierten Tomatenstückchen belegen.

- Vor dem Servieren nochmals mit Olivenöl beträufeln und schwarzen Pfeffer aus der Mühle darüber mahlen.

Wein:
»Sassobianco« - Colli dell'Etruria Centrale DOC Bianco - Marchesi Gondi, Pontassieve (Florenz)

Bruschetta al lardo di Colonnata

Bruschetta mit Colonnata-Speck

Zutaten für 6 Personen:
- *1 Knoblauchzehe*
- *6 Scheiben toskanisches Weißbrot, je ca. 1,5 cm dick*
- *1 TL gemahlene Fenchelblüten (»Fior di finocchio«)*
- *6 Scheiben Colonnata-Speck (Lardo di Colonnata)*
- *schwarzer Pfeffer aus der Mühle*

- Die Knoblauchzehe schälen und halbieren.

- Die Brotscheiben entweder auf einem Holzkohlengrill oder in einer Pfanne auf dem Herd ohne Fettzugabe beidseitig kurz anrösten, dabei nur einmal wenden.

- Noch warm mit Knoblauch einreiben, etwas gemahlene Fenchelblüten darüber streuen, jeweils 1 Scheibe Speck auflegen und schwarzen Pfeffer darüber mahlen.

- Warm servieren.

Hinweis: *Lardo di Colonnato* ist eine Spezialität aus der gleichnamigen Stadt in den Apuanischen Alpen. Colonnato liegt unweit von Carrara, das für seinen blütenweißen Marmor weltberühmt ist, und Marmor spielt bei der Herstellung des Specks eine entscheidende Rolle. Viele Bewohner Colonnatos haben in den kühlen Felsenkellern ihrer Häuser eine *conca* stehen, eine schmale Truhe aus feinem Marmor, in welcher der Schweinespeck zwischen Meersalz, Kräutern und Gewürzen gute sechs Monate lang ruht. Der Marmor sorgt für ideale thermische Bedingungen, er lässt den Speck atmen, überschüssiges Salz tritt aus, dafür entsteht eine Lake, die dem Fett ein unvergleichliches Aroma verleiht, das betörend aufsteigt, wenn der schwere Marmordeckel der Truhe nach der Reifung zur Seite geschoben wird. Der in hauchfeine Scheiben geschnittene Speck ist eine wahre Delikatesse, die im Mund zerschmilzt.

Wein:
»Brut Rosé« - Azienda agricola Baracchi, Cortona (Arezzo)

Cavolo con le fette di pane

Schwarzkohlblätter auf geröstetem Brot

Zutaten für 4 Personen:
- *1 Kopf Schwarzkohl (s. Hinweis)*
- *Salz*
- *4 große Weißbrotscheiben*
- *1 halbierte Knoblauchzehe*
- *kalt gepresstes Olivenöl*
- *Pfeffer*

- Den Schwarzkohl putzen, in einzelne Blätter teilen und waschen. In kochendes Salzwasser geben und in etwa 30 Min. weich garen.

- Die Brotscheiben rösten und anschließend mit der Knoblauchzehe einreiben.

- Die Brotscheiben kurz in das Kochwasser des Kohls tauchen und dann in eine flache Schüssel legen.

- Die Kohlblätter abseihen, gut abtropfen lassen und auf den Brotscheiben verteilen. Mit Olivenöl beträufeln und mit Pfeffer würzen.

- Das Ganze warm servieren.

Hinweis: Schwarzkohl wird auch unter der Bezeichnung »Toskanischer Kohl« oder »Palmkohl« gehandelt. Der Gemüsekohl wurde bereits von den alten Römern angebaut und verwendet. Er schmeckt etwas milder als Grünkohl.

Wein:
»Villa Antinori« - Toscana IGT Bianco - Marchesi Antinori, Florenz

Cecina

Kichererbsenfladen

Zutaten für 4 Personen:
- *125 g Kichererbsenmehl*
- *500 ml warmes Wasser*
- *Salz*
- *kalt gepresstes Olivenöl*
- *1 EL frisch gehackter Rosmarin*
- *grobes Meersalz*
- *Pfeffer*

- Das Kichererbsenmehl in eine Schüssel geben, nach und nach das Wasser hinzufügen und dabei kräftig mit einem Schneebesen rühren, damit sich keine Klümpchen bilden. Etwas Salz und 2 EL Öl untermischen. Mit einem sauberen Tuch abdecken und an einem warmen Ort mindestens 2 Std. ruhen lassen.

- Den Backofen auf 250 °C vorheizen.

- Ein rundes Pizzablech (32 cm Durchmesser) oder eine andere runde Backform mit Öl ausstreichen. Den Teig ½ cm dick darin auslegen. Mit Rosmarin bestreuen und etwa 30 Min. backen.

- Den Fladen aus dem Ofen nehmen und noch warm mit grobem Meersalz und Pfeffer bestreuen.

- Nach Belieben weichen, fein geschnittenen Käse (z.B. Pecorino) oder Colonnata-Speck (s. S. 38) dazu reichen.

- Warm servieren.

Wein:
»T-Lex«- Ansonica Costa dell'Argentario DOC - Azienda Agricola Il Ponte, Capalbio (Grosseto)

Polenta croccante al pesto di cavolo nero

Geröstete Polenta mit Schwarzkohlpesto

Zutaten für 6 Personen:
Für die Polenta
- ***200 ml Milch***
- ***30 g Butter***
- ***Salz***
- ***200 g Polentagries***
- ***200 ml Olivenöl und Öl für die Form***

Zubereitung der Polenta

- 200 ml Wasser, Milch, Butter und eine Prise Salz in einen Topf geben. Das Ganze aufkochen lassen.

- Den Polentagries einstreuen und dabei ständig mit einem Schneebesen umrühren. Die Polenta etwa 40 Min. bei mittlerer Hitze garen. Dabei häufig umrühren. Sollte sie zu fest werden, noch etwas Wasser oder Milch hinzufügen.

- Eine rechteckige Form mit Öl ausstreichen und die Polenta etwa 3 cm dick darin ausstreichen. Erkalten lassen.

- Das Öl in einer Pfanne mittelstark erhitzen.
  Die Polenta in kleine beliebige Formen (Rauten oder Quadrate) schneiden und in der Pfanne portionsweise auf beiden Seiten goldbraun braten. Anschließend auf Küchenpapier abtropfen lassen und im Backofen bei 100 °C warm halten.

>>>

Für das Pesto

- *1 mittelgroße, weiße Gemüsezwiebel*
- *1 Knoblauchzehe*
- *1 kg Schwarzkohl (ersatzweise Wirsing)*
- *kalt gepresstes Olivenöl*
- *200 ml warmes Wasser*
- *50 g frisch geriebener Pecorino*
- *Pfeffer*

Zubereitung des Pestos

- Die Zwiebel und den Knoblauch schälen, beides fein hacken. Den Schwarzkohl putzen, in einzelne Blätter zupfen, waschen und von etwaigen harten Stielen befreien.

- In einer Pfanne etwas Öl erhitzen. Zwiebel sowie Knoblauch darin anschwitzen. Den Kohl hinzufügen und 5 Min. bei mittlerer Hitze dünsten. 200 ml warmes Wasser dazugießen, salzen und pfeffern. Einen Deckel auf die Pfanne legen und das Gemüse 15 bis 20 Min. garen. Dabei darauf achten, dass nichts am Pfannenboden anhaftet, eventuell noch etwas Wasser hinzufügen.

- Einige Kohlblätter für die Dekoration beiseite legen. Die restlichen Blätter in einem Mixer gemeinsam mit einem guten Schuss Olivenöl und dem Pecorino pürieren.

- In jeden Teller einen Löffel Pesto geben, 2 bis 3 Polentastücke darauf arrangieren. Jede Portion mit Kohlblättern dekorieren.

- Warm servieren.

Wein:

»Cuccaia« - Montecucco DOCG Rosso - Azienda agricola Piandibugnano, Seggiano (Grosseto)

ARRESTO
EMERGENZA
10:22
244

Sughi e primi piatti
Suppen und Pasta

53

Suppen und Pasta

Carabaccia

Zwiebelsuppe Carabaccia

Zutaten für 6 Personen:
- *1 kg rote Zwiebeln*
- *1 kräftiger Schuss Olivenöl*
- *400 g passierte Tomaten (aus der Flasche)*
- *Salz*
- *Pfeffer*
- *1 Prise Chilipulver*
- *2 EL Gemüsebrühenpulver (oder 2 Brühwürfel)*
- *400 g toskanisches Weißbrot*
- *100 g frisch geriebener Parmesan oder Emmentaler*

- Die Zwiebeln schälen und in feine Ringe schneiden. In eine Schüssel geben und einige Min. wässern.

- In einem großen Topf einen kräftigen Schuss Öl erhitzen. Die Zwiebeln abgießen, etwa 50 g abnehmen und beiseite stellen. Die restlichen Zwiebeln in den Topf geben und anschwitzen. Gelegentlich umrühren. Sobald die Zwiebeln glasig sind, die passierten Tomaten hinzufügen. Salzen, pfeffern und eine Prise Chilipulver untermengen.

- Das Ganze 5 Min. köcheln lassen. Das Gemüsebrühenpulver einstreuen und 1 l Wasser angießen. Gut umrühren und die Flüssigkeit aufkochen lassen. Anschließend die Hitze reduzieren und die Suppe bei mittlerer Hitze zugedeckt 30 Min. köcheln lassen.

- Den Backofen auf 180 °C vorheizen. Das Brot in dicke Scheiben schneiden und rösten oder toasten.

- In eine feuerfeste Form einige Schöpflöffel Zwiebelsuppe geben. Eine Schicht Brotscheiben darübergeben, mit Parmesan oder Emmentaler bestreuen. Erneut etwas Suppe einfüllen und nochmals eine Schicht Brot sowie Käse darübergeben. Restliche Suppe in die Form geben, mit dem restlichen Brot und den beiseite gestellten Zwiebeln abdecken. Mit dem restlichen Käse bestreuen.

- Die Form auf die mittlere Einschubleiste des Ofens stellen und das Ganze etwa 20 Min. garen. Vor dem Servieren 10 Min. abkühlen lassen.

Tipp:
Sie können auch beide Käsesorten verwenden, also je 50 g Parmesan und Emmentaler.

Wein:
»Trebbiano« - Toscana IGT - Tenuta di Capezzana, Carmignano (Prato)

Sugo finto

Tomatensauce

Zutaten für 4 Personen:
- *500 g vollreife Tomaten*
- *1 Bund frische Petersilie*
- *2 Karotten*
- *2 Stangen Sellerie*
- *1 Zwiebel*
- *1 Knoblauchzehe*
- *2 EL kalt gepresstes Olivenöl*
- *100 ml Rotwein*
- *1 Bund frisches Basilikum*
- *Salz*
- *Pfeffer*
- *1 Prise Zucker*

Tipp:
Sollten Sie keine vollreifen Tomaten bekommen, können Sie auch geschälte Tomaten aus der Dose verwenden, die schmecken mitunter besser als Treibhausware.

- Die Tomaten oben über Kreuz einritzen, auf einem Schaumlöffel portionsweise einige Sekunden in kochendes Wasser tauchen und enthäuten. Anschließend von Stielansatz und Kernen befreien. Das Fruchtfleisch würfeln.

- Die Petersilie waschen, trocken schleudern, die Blätter von den Stielen zupfen und fein hacken. Karotten schälen und würfeln. Sellerie putzen, waschen und in feine Ringe schneiden. Zwiebel sowie Knoblauch schälen und fein hacken.

- Das Öl in einer großen Pfanne erhitzen und Zwiebel, Knoblauch, Karotten, Sellerie sowie Petersilie darin gute 5 Min. anschwitzen. Mit Rotwein ablöschen und den Alkohol verdampfen lassen.

- Das Basilikum waschen, trocken schütteln, fein schneiden und gemeinsam mit den Tomaten in die Pfanne geben.

- Mit Salz und Pfeffer würzen. Den Zucker einrühren. Die Tomatensauce bei niedriger Hitze zugedeckt etwa 40 Min. köcheln lassen. Vor dem Servieren nochmals mit Salz und Pfeffer abschmecken.

- Die Tomatensauce passt zu Nudeln jeglicher Art.

Wein:
»Tenuta di Valgiano« - Colline Lucchesi DOC Rosso - Tenuta di Valgiano, Valgiano (Lucca)

55
Suppen und Pasta

Ragù di carne
Hackfleischsauce

Zutaten für 4 Personen:
- *1 mittelgroße Zwiebel*
- *2 Knoblauchzehen*
- *1 Stange Sellerie*
- *1 kleine Karotte*
- *3 EL kalt gepresstes Olivenöl*
- *Salz*
- *Pfeffer*
- *200 g Hackfleisch vom Rind*
- *100 g Hackfleisch vom Schwein*
- *300 ml Rotwein*
- *400 g geschälte Tomaten (aus der Dose)*
- *einige Basilikumblätter*
- *200 ml warme Fleischbrühe*

- Zwiebel und Knoblauch schälen und fein hacken. Sellerie putzen, waschen und fein würfeln. Karotte schälen und ebenfalls fein würfeln.

- Das Öl in einem großen Topf erhitzen. Zwiebel, Knoblauch, Sellerie und Karotte darin unter Rühren kräftig anschwitzen. Salzen und pfeffern.

- Beide Hackfleischsorten hinzufügen und unter gelegentlichem Rühren krümelig braten. Mit 100 ml Rotwein ablöschen, umrühren und den Alkohol einkochen lassen. Diesen Vorgang drei Mal wiederholen, bis der Rotwein aufgebraucht ist.

- Die geschälten Tomaten mitsamt Saft in einen Mixer geben und pürieren. Zusammen mit den Basilikumblättern in den Topf geben. Dabei nicht umrühren, sondern einige Minunten warten, bis das Ganze aufkocht. Dann alles vermengen und nochmals mit Salz und Pfeffer würzen.

- Die Hitze reduzieren und die Sauce zugedeckt ca. 2 Std. leise köcheln lassen. Dabei hin und wieder mit einem Holzkochlöffel umrühren und etwas Brühe zufügen.

- Diese schmackhafte Fleischsauce kann zu allen Nudelsorten serviert werden und hält sich im Kühlschrank bis zu 2 Tage. Lässt sich auch hervorragend einfrieren.

Tipp:
Nach Belieben können Sie das frische Basilikum durch 1 TL getrockneten Oregano ersetzen.

Wein:
»Colle Pino« - Toscana IGT - Rosso - Società Agricola Banfi, Montalcino (Siena)

58

Suppen und Pasta

Acquacotta

Steinpilzsuppe

Zutaten für 4 Personen:

- *400 g frische Steinpilze*
- *1 Knoblauchzehe*
- *2 EL kalt gepresstes Olivenöl*
- *einige frische Blätter Bergminze oder Pfefferminze*
- *Salz*
- *Pfeffer*
- *80 g geschälte Tomaten (aus der Dose)*
- *400 ml warmes Wasser*
- *2 Eier*
- *2 EL frisch geriebener Parmesan*
- *4 Scheiben Weißbrot*

- Die Pilze putzen und mit einem feuchten Tuch säubern. In feine Scheiben schneiden. Den Knoblauch schälen und fein hacken.

- Das Öl in einem Topf erhitzen. Den Knoblauch darin kurz anschwitzen, dann die Pilze zufügen und 3 bis 4 Min. anbraten. Die Minzeblätter untermengen, salzen und pfeffern.

- Die Tomaten zugeben, mit einer Gabel zerdrücken und das Ganze einige Minuten offen köcheln lassen.

- Das Wasser untermischen, den Topf verschließen und die Suppe etwa 15 Min. leise weiterköcheln lassen.

- Die Eier in einen zweiten Topf schlagen und den Parmesan mit einem Schneebesen gründlich unterrühren. Die Suppe hinzugeben und alles nochmals mit dem Schneebesen aufschlagen.

- Den Topf erhitzen, mit einem Deckel verschließen und das Ganze 4 bis 5 Min. garen.

- Inzwischen die Weißbrotscheiben toasten. Die Suppe auf 4 tiefe Teller verteilen. Jeweils 1 Weißbrotscheibe darauflegen. Vor dem Servieren kurz stehen lassen, damit sich das Brot mit Suppe vollsaugen kann.

Wein:

»Imbricci« - Chianti Montalbano DOCG - Azienda agricola Giuliano Tiberi, Serravalle Pistoiese (Pistoia)

Pappa al pomodoro

Toskanische Tomatensuppe

Zutaten für 4 Personen:
- *500 g vollreife Tomaten*
- *3 Knoblauchzehen*
- *1 l Fleischbrühe*
- *300 g altbackenes, weißes Landbrot*
- *ein kleines Bund Basilikum*
- *kalt gepresstes Olivenöl*
- *1 Prise grob gemahlene Pfefferschoten*
- *Salz*
- *schwarzer Pfeffer aus der Mühle*

- Die Tomaten oben über Kreuz einritzen, auf einem Schaumlöffel portionsweise einige Sekunden in kochendes Wasser tauchen und enthäuten. Anschließend von Stielansatz und Kernen befreien. Das Fruchtfleisch würfeln. Den Knoblauch schälen und durch eine Knoblauchpresse drücken.

- Die Fleischbrühe erhitzen. Das Weißbrot in schmale Streifen schneiden. Das Basilikum waschen, trocken schütteln und die Blätter abzupfen.

- 2 EL Öl in einem großen Topf erhitzen und den Knoblauch darin goldgelb anschwitzen. Gemahlene Pfefferschoten, Tomaten und Basilikumblätter hinzufügen. Das Ganze gut vermengen und einmal aufkochen lassen.

- Die heiße Fleischbrühe angießen. Mit Salz abschmecken, nochmals aufkochen lassen und das Weißbrot untermengen. 15 Min. zugedeckt köcheln lassen.

- Den Topf vom Herd nehmen und die Suppe zugedeckt 1 Std. durchziehen lassen.

- Vor dem Servieren nochmals gut durchrühren, einen Schuss Olivenöl hinzufügen und Pfeffer aus der Mühle darüber mahlen.

- Toskanische Tomatensuppe kann warm oder kalt serviert werden. Dementsprechend vor dem Servieren nochmals kurz erwärmen.

Wein:
»Muraccio« - Parrina DOC Rosso - La Parrina, Albinia (Grosseto)

62

Suppen und Pasta

Zuppa di fagioli

Toskanische Bohnensuppe

Zutaten für 4 Personen:

- *500 g weiße, getrocknete Bohnen*
- *4 Knoblauchzehen*
- *3 frische Salbeiblätter*
- *1 TL grobes Meersalz*
- *1 l Gemüsebrühe*
- *1 Zwiebel*
- *kalt gepresstes Olivenöl*
- *200 g geschälte Tomaten (aus der Dose)*
- *1 Prise Chilipulver*
- *1 TL frisch gehackter Thymian*
- *200 g Nudeln (Ditalini oder frische Bandnudeln)*
- *Salz*
- *Pfeffer*

- Die Bohnen über Nacht in kaltem Wasser einweichen. Am nächsten Tag abgießen, abspülen und in einem Topf mit frischem, kaltem Wasser bedecken. 3 Knoblauchzehen schälen und gemeinsam mit den Salbeiblättern zu den Bohnen geben.

- Erhitzen, aufkochen lassen und immer wieder warmes Wasser hinzufügen, damit die Bohnen von Wasser bedeckt bleiben. In etwa 1 Std. 30 Min. weich kochen. Anschließend das Meersalz unterrühren, abgießen, Knoblauch sowie Salbei entfernen und die Bohnen in einem Mixer fein pürieren.

- Die Gemüsebrühe erhitzen. Die vierte Knoblauchzehe sowie die Zwiebel schälen und fein hacken. 2 EL Öl in einem Topf mit dickem Boden erhitzen. Knoblauch und Zwiebel darin anschwitzen. Tomaten, Chilipulver sowie Thymian hinzugeben. Die Tomaten mit einer Gabel zerdrücken. Die Mischung etwa 10 Min. köcheln lassen.

- Das Bohnenpüree und die heiße Gemüsebrühe unterrühren. Das Ganze zum Kochen bringen und dann die Nudeln zufügen. Umrühren und die Nudeln nach Packungsanweisung bissfest garen. Frische Bandnudeln benötigen nur ca. 2 Min., bis sie weich sind.

- Einen Schuss Olivenöl untermengen. Die Suppe mit Salz sowie Pfeffer abschmecken und sofort servieren.

Wein:

»Morellino di Scansano« - Morellino di Scansano DOCG - Azienda Agricola Motta, Alberese (Grosseto)

Ravioli al burro e salvia

Ravioli mit Butter und Salbei

Zutaten für 4 Personen:
Für die Ravioli
- *500 g Hartweizenmehl (italienischer Feinkostladen)*
- *6 Eier*
- *Salz*
- *500 g frischer Spinat*
- *600 g Ricotta*
- *50 g frisch geriebener Parmesan*
- *1 Prise gemahlene Muskatnuss*
- *Mehl zum Ausrollen*

Außerdem
- *100 g Butter*
- *einige frische Salbeiblätter*
- *schwarzer Pfeffer aus der Mühle*
- *frisch geriebener Parmesan*

- Das Mehl auf eine Arbeitsfläche geben und eine Mulde in die Mitte drücken. Nach und nach 5 Eier in die Mulde schlagen. Eine Prise Salz hinzufügen und die Eier mit einer Gabel vorsichtig mit etwas Mehl vermengen. Anschließend das Ganze mit beiden Händen zu einem glatten Teig verkneten. In Frischhaltefolie wickeln und mindestens 15 Min. ruhen lassen.

- Den Spinat putzen und gründlich waschen. In wenig kochendem Salzwasser zusammenfallen lassen. Abseihen, kurz abkühlen lassen, das Kochwasser ausdrücken und den Spinat fein hacken.

- In einer Schüssel Spinat, Ricotta, restliches Ei, Parmesan und Muskatnuss sorgfältig vermengen.

- Den Ravioliteig auf einer bemehlten Fläche dünn ausrollen (oder durch eine Nudelmaschine ziehen). Die Teigplatte halbieren.

- Auf einer Hälfte in mehreren Reihen alle 5 cm 1 EL Spinat-Ricotta-Füllung aufbringen. Anschließend die andere Hälfte des Teiges darüberlegen. Den Teig rund um die Füllung leicht zusammendrücken, damit sich keine Lufteinschlüsse bilden. Mit einem Teigrädchen rechteckige Ravioli ausschneiden. Die Ränder mit einer Gabel vorsichtig zusammendrücken, damit keine Füllung austreten kann.

- Die Ravioli in reichlich kochendem Salzwasser etwa 10 Min. garen.

- Inzwischen in einer Pfanne die Butter erhitzen. Salbeiblätter zufügen und darin anschwitzen.

- Die Ravioli vorsichtig abseihen. Auf 4 tiefe Teller verteilen und jeweils mit Salbeibutter übergießen. Jede Portion mit Pfeffer übermahlen und mit Parmesan bestreuen. Sofort servieren.

Wein:
»Vernaccia di San Gimignano« - Vernaccia di San Gimignano DOCG - Podere La Marronaia, San Gimignano (Siena)

Crespelle alla fiorentina

Crespelle nach Florentiner Art

Zutaten für 4 Personen:

Für die Crespelle

- *50 g Butter*
- *100 g Mehl Type 405*
- *250 ml Milch*
- *2 Eier*
- *Salz*
- *Butter für die Form und zum Ausbacken*

Für die Füllung

- *300 g frischer Spinat*
- *300 g Ricotta*
- *1 Ei*
- *1 Prise gemahlene Muskatnuss*
- *Pfeffer*

Für die Béchamelsauce

- *50 g Butter*
- *50 g Mehl Type 405*
- *500 ml zimmerwarme Milch*
- *1 Prise gemahlene Muskatnuss*

Außerdem

- *3 EL Tomatensauce (s. Rezept S. 54 oder Fertigprodukt)*

- Für die Crespelle die Butter in einer Pfanne zerlassen. Mehl und Milch mit einem Schneebesen oder Handrührgerät verquirlen, dabei darauf achten, dass sich keine Klümpchen bilden. Dann die Eier sowie eine Prise Salz unterschlagen. Zum Schluss die zerlassene Butter unterrühren. Den Teig 30 Min. ruhen lassen.

- Inzwischen den Spinat putzen, gründlich waschen und in wenig Salzwasser weich dünsten. Etwas auskühlen lassen, ausdrücken und fein schneiden. Den Spinat in einer Schüssel mit Ricotta, aufgeschlagenem Ei, Muskatnuss, Salz und Pfeffer gut vermengen.

- Für die Béchamelsauce die Butter in einem Topf erhitzen. Das Mehl dazusieben und mit einem Schneebesen mit der Butter vermengen. Die Milch unter Rühren hinzugeben. Kurz aufkochen lassen. Salzen, pfeffern und mit einer Prise Muskatnuss würzen. 10 Min. bei niedriger Hitze köcheln lassen. Die Sauce warm halten.

- Den Backofen auf 180 °C vorheizen. Eine feuerfeste Form mit Butter ausstreichen. In einer Pfanne etwas Butter erhitzen. 1 Schöpflöffel Teig in der Pfanne verteilen und auf beiden Seiten zu einem hauchdünnen Pfannkuchen ausbacken. Vorgang wiederholen, bis 8 Crespelle entstanden sind.

>>>

- Jede Crespelle mit Spinatfüllung bestreichen. Einmal in der Mitte zusammenklappen und dann nochmals in der Mitte zu einem Dreieck zusammenfalten.

- Die Crespelle nebeneinander in die Form legen und mit Béchamelsauce übergießen. Die Tomatensauce in der Mitte verteilen. Die Form auf der mittleren Einschubleiste in den Ofen stellen und die Crespelle etwa 20 Min. gratinieren. Sofort servieren.

Variation: Sie können die Crespelle auch mit Fleischsauce (s. S. 55) füllen, das schmeckt wunderbar.

Wein:
»Pomino« - Pomino DOC Bianco - Marchesi de' Frescobaldi, Pomino, Rùfina (Florenz)

71

Suppen und Pasta

Tagliatelle al sugo

Tagliatelle mit Fleischsauce

Zutaten für 4 Personen:
- *2 mittelgroße Zwiebeln*
- *1 Knoblauchzehe*
- *2 Stangen Sellerie*
- *2 toskanische, grobe Fleischwürste*
- *kalt gepresstes Olivenöl*
- *300 g Hackfleisch vom Kalb*
- *300 g Hackfleisch vom Schwein*
- *200 ml Rotwein*
- *500 g geschälte Tomaten (aus der Dose)*
- *2 EL Tomatenmark*
- *Salz*
- *Pfeffer*
- *600 g frische Tagliatelle*
- *frisch geriebener Parmesan*

- Zwiebeln sowie Knoblauch abziehen und fein hacken. Sellerie putzen, waschen und fein würfeln. Die Würste jeweils an einem Ende anschneiden und den Inhalt aus der Haut drücken. Das Fleisch grob hacken.

- Einen guten Schuss Öl in einem großen Topf erhitzen. Zwiebeln, Knoblauch und Sellerie unter Rühren kräftig darin anschwitzen.

- Beide Hackfleischsorten sowie das Wurstfleisch hinzufügen und unter gelegentlichem Rühren ca. 10 Min. anbraten. Mit dem Rotwein ablöschen, umrühren und den Alkohol einkochen lassen.

- Die geschälten Tomaten zugeben und mit einer Gabel zerdrücken. Das Tomatenmark mit 50 ml warmem Wasser glattrühren und untermengen. Kräftig mit Salz und Pfeffer würzen. Den Topf mit einem Deckel verschließen und die Hitze reduzieren. Die Fleischsauce etwa 2 Std. leise köcheln lassen. Dabei immer wieder durchrühren.

- Kurz vor Ende der Garzeit der Sauce die Tagliatelle in reichlich kochendem Salzwasser in ca. 5 Min. bissfest garen. Abseihen, kurz abtropfen lassen und auf 4 tiefe Teller verteilen. Jeweils mit reichlich Fleischsauce versehen und mit Parmesan bestreuen.

Tipp: Toskanische Salsiccia erhalten Sie in italienischen Feinkostläden oder über das Internet. Vom Aussehen her ähnelt sie einer deutschen groben Bratwurst. Das aus der Haut gedrückte Brät ist eine schmackhafte Fleischeinlage für Pasta-Saucen oder für Risotto. Die ganze Wurst lässt sich natürlich auch hervorragend in der Pfanne braten oder grillen.

Wein:

»Terre di Prenzano« - Chianti Classico DOCG - Azienda vinicola Vignamaggio, Greve in Chianti (Florenz)

Maltagliati di castagne con salsa di zucca e porri

Kastaniennudeln mit Kürbis-Lauch-Sauce

Zutaten für 6 Personen:
Für die Nudeln
- *200 g gesiebtes Kastanienmehl*
- *200 g Mehl Type 405*
- *4 Eier*
- *4 EL kalt gepresstes Olivenöl*
- *etwas warmes Wasser*
- *Mehl zum Ausrollen*

Zubereitung der Nudeln

- Beide Mehlsorten auf einer glatten Arbeitsfläche vermischen, anhäufen und in der Mitte eine Mulde bilden. Die Eier in die Mulde schlagen, das Olivenöl hinzugießen und Eier sowie Öl mit einer Gabel mit dem Mehl vermengen. Anschließend das Ganze mit beiden Händen zu einem glatten Teig verarbeiten.

- Den Teig etwa 10 Min. durchkneten und dabei mit dem Handballen immer wieder kräftig drücken, bis ein elastischer Teig entsteht. Zur Kugel formen, in Klarsichtfolie hüllen und bei Zimmertemperatur gute 30 Min. ruhen lassen.

- Anschließend den Teig auf einer bemehlten Fläche dünn ausrollen und in unregelmäßige Rechtecke schneiden.

>>>

Für die Sauce

- *300 g gelber Kürbis*
- *1 große Stange Lauch*
- *2 frische, toskanische Fleischwürste*
- *kalt gepresstes Olivenöl*
- *200 ml trockener Weißwein*
- *4 Lorbeerblätter*
- *Salz*
- *Pfeffer*
- *1 Prise Chilipulver*
- *60 g Pinienkerne*

Tipp:
Kastanienmehl erhalten Sie in Bioläden und bei verschiedenen Internetanbietern, die sich auf glutenfreie Ernährung spezialisiert haben.

Zubereitung der Sauce

- Den Kürbis schälen und von Kernen befreien. Das Fruchtfleisch in Würfel schneiden. Den Lauch putzen, gründlich waschen und in feine Ringe schneiden. Die Würste jeweils an einem Ende anschneiden und das Brät aus der Haut drücken. Das Fleisch grob hacken.

- In einer großen Pfanne einen Schuss Öl erhitzen. Das Wurstbrät kurz darin anbraten. Mit Weißwein ablöschen und den Alkohol einkochen lassen. Dann Lauch, Kürbis sowie Lorbeerblätter untermischen.

- Salzen, pfeffern und mit Chilipulver würzen. Nochmals gut durchmengen. Die Sauce bei mittlerer Hitze zugedeckt etwa 15 Min. garen.

- Inzwischen einen großen Topf mit Wasser erhitzen. Sobald das Wasser kocht, salzen und die Nudelstücke darin bissfest garen. Die Pasta abseihen und dabei 2 Schöpflöffel Kochwasser auffangen.

- Während die Nudeln kochen, die Pinienkerne in einer beschichteten Pfanne ohne Fettzugabe goldgelb rösten.

- Die Pasta zur Kürbis-Lauch-Sauce geben und damit vermengen. Sollte die Sauce zu trocken sein, etwas von dem abgenommenen Kochwasser zufügen. Das Ganze auf 4 vorgewärmte, tiefe Teller verteilen und jeweils mit Pinienkernen bestreuen. Sofort servieren.

Wein:
»Villa di Capezzana« - Carmignano DOC Rosso - Tenuta di Capezzana, Carmignano (Prato)

Gnocchi di patate

Gnocchi

Zutaten für 6 Personen:

- *1 kg mehlig kochende Kartoffeln*
- *300 g Mehl Type 405 (oder italienisches Mehl 00 aus dem Feinkostladen)*
- *Salz*
- *1 Ei*
- *1 Prise gemahlene Muskatnuss*
- *Mehl für die Arbeitsfläche und das Blech*

- Die Kartoffeln waschen und ungeschält in Wasser weich garen. Abgießen und noch heiß schälen. Dann durch eine Kartoffelpresse auf eine Arbeitsfläche drücken.

- Das Mehl über die Kartoffelmasse sieben. Salz, Ei und Muskatnuss zufügen. Das Ganze mit beiden Händen zu einem festen, glatten Teig verarbeiten.

- Auf einer reichlich bemehlten Arbeitsfläche aus dem Kartoffelteig 2–3 cm dicke Stränge formen. Die Stränge mit einem scharfen Messer in etwa 1,5 cm lange Stücke teilen. Ein Backblech dick mit Mehl bestäuben und die Gnocchi darauf verteilen.

- In einem großen Topf reichlich Wasser erhitzen. Sobald es siedet, salzen. Die Gnocchi hineingeben und vorsichtig mit einem Holzkochlöffel umrühren. Den Topf mit einem Deckel verschließen. Nach einigen Minuten nochmals vorsichtig umrühren.

- Sobald die Gnocchi an der Wasseroberfläche schwimmen, sind sie gar. Portionsweise mit einem Schaumlöffel herausnehmen und abtropfen lassen.

Tipps zum Anrichten: Die Gnocchi in Butter und frischem Salbei schwenken. Vor dem Servieren mit reichlich Parmesan bestreuen. Wahlweise in einer Mischung aus Butter und Semmelbröseln wenden (wie auf dem Foto) oder gemeinsam mit einer Tomatensauce servieren. Gnocchi schmecken relativ neutral und können mit vielerlei Saucen oder gebratenem Gemüse kombiniert werden.

Wein:
»Ornina« - Toscana IGT Rosso - Azienda Agricola Ornina, Castel Focognano (Arezzo)

Tortelli di patate di Cetica al ragù

Tortelli mit Kartoffelfüllung in Fleischsauce

Zutaten für 6 Personen:

Für die Füllung

- *400 g rote, toskanische Kartoffeln, ersatzweise vorwiegend fest kochende Kartoffeln von guter Qualität*
- *3 Knoblauchzehen*
- *kalt gepresstes Olivenöl*
- *1 Ei*
- *1 gestrichener TL frisch geriebene Muskatnuss*
- *3 EL frisch geriebener Parmesan*
- *2 EL frisch gehackte Petersilie*
- *1 Prise Chilipulver*
- *Salz*
- *Pfeffer*
- *Mehl für die Arbeitsfläche und das Blech*
- *2 TL grobes Meersalz*

Für den Nudelteig

- *1 Portion frischer Ravioliteig, s. Rezept S. 64*

Außerdem

- *Fleischsauce, s. Rezept S. 55*
- *frisch geriebener Parmesan*

- Die Kartoffeln ungeschält in Wasser weich garen. Inzwischen den Ravioliteig herstellen, in Klarsichtfolie hüllen und ruhen lassen.
- Die Kartoffeln abgießen. Noch heiß schälen und durch eine Kartoffelpresse drücken. Den Knoblauch schälen und durch eine Knoblauchpresse drücken. In einer großen Pfanne etwas Öl erhitzen und den Knoblauch darin anschwitzen. Die Kartoffelmasse hinzufügen und unter ständigem Rühren erwärmen. Anschließend in eine große Schüssel füllen.
- Kurz abkühlen lassen. Dann Ei, Muskatnuss, Parmesan, Petersilie und Chilipulver untermengen. Die Füllung mit Salz und Pfeffer würzen.
- Den Ravioliteig auf einer bemehlten Arbeitsfläche dünn ausrollen und in zwei Hälften teilen. Auf einer Hälfte in regelmäßigen Abständen jeweils 1 TL Kartoffelfüllung aufbringen. Die zweite Teighälfte darüberlegen und rund um die Füllung jeweils vorsichtig zusammendrücken. Mit einem Teigrädchen Tortelli ausschneiden. Die Ränder mit einer Gabel zusammendrücken. Die Tortelli auf ein bemehltes Blech setzen.
- Reichlich Wasser zum Kochen bringen und das Meersalz zufügen. Die Tortelli hineingeben. Sobald sie an die Oberfläche steigen, nochmals etwa 5 Min. garen. Abgießen, abtropfen lassen und mit heißer Fleischsauce vermengen.
- Auf 6 tiefe Teller verteilen und jeweils mit Parmesan bestreuen.

Wein:

»Rosato« - Toscana IGT Rosato - Castello di Ama, Gaiole in Chianti (Siena)

Pici all'aglione

Dicke Spaghetti mit Tomatensauce

Zutaten für 4 Personen:

Für die Nudeln (Pici)

- ***500 g Mehl Type 405 oder Type 00 aus dem italienischen Feinkostladen***
- ***Salz***
- ***250 ml warmes Wasser***
- ***kalt gepresstes Olivenöl***
- ***Mehl zum Ausrollen und Bestäuben***

Für die Sauce

- ***500 g vollreife Tomaten***
- ***kalt gepresstes Olivenöl***
- ***6–8 Knoblauchzehen***
- ***1 Prise Chilipulver***
- ***Pfeffer***

Außerdem

- ***frisch geriebener, reifer Pecorino***

Zubereitung des Nudelteiges

- Auf einer Arbeitsfläche das Mehl anhäufen, in der Mitte eine Mulde bilden. Eine kräftige Prise Salz in die Mulde streuen. Nach und nach das warme Wasser hinzufügen und mit dem Mehl vermengen.

- Das Ganze gut durchkneten, 1 EL Öl einarbeiten und so lange kneten, bis der Teig glatt und fest ist. Sollte er zu feucht sein, etwas Mehl hinzufügen. Sollte er zu trocken sein, noch etwas Wasser untermischen. 30 Min. ruhen lassen.

Zubereitung der Sauce

- Inzwischen die Tomaten waschen, vom Stielansatz befreien und in feine Würfel schneiden.

- Reichlich Öl in einer großen Pfanne (sie sollte so groß sein, dass darin später die Nudeln geschwenkt werden können) erhitzen. Den Knoblauch schälen und die ganzen Zehen bei milder Hitze 8 bis 10 Min. schmoren. Dabei nicht zu stark bräunen lassen.

- Sobald der Knoblauch weich ist, die Zehen mit einer Gabel zerdrücken. Tomaten und Chilipulver hinzufügen. Die Sauce mit Salz und Pfeffer würzen. Halb zugedeckt 15 Min. köcheln lassen, dabei gelegentlich umrühren.

>>>

Tipp:
Die Herstellung der Spaghetti erfordert etwas Fingerspitzengefühl und Übung. Sollten Sie damit noch keine Erfahrung haben, empfiehlt es sich, den Nudelteig und die Pici vorzubereiten und dann erst die Sauce zu kochen. Oder Sie erwerben die handgerollten Nudeln im italienischen Feinkostladen.

- Während die Sauce kocht, den Nudelteig auf einer bemehlten Arbeitsfläche 1 cm dick ausrollen. Mit Öl bestreichen und in gleichmäßig lange, ca. 1 cm dicke Streifen schneiden.

- Die Streifen zuerst mit der flachen Hand etwas dünner rollen und anschließend mit den Fingerspitzen beider Hände mit leichtem Druck seitwärts zu einem ca. 20 cm langen und 2–3 mm dicken Spaghetto rollen. Die Spaghetti sofort mit Mehl bestäuben, damit sie nicht aneinander kleben.

- Reichlich Wasser in einem großen Topf zum Kochen bringen, salzen und die Spaghetti darin in etwa 6 Min. bissfest kochen.

- Abseihen und in der Pfanne mit der Tomatensauce schwenken. Die Pici mitsamt Sauce auf 4 tiefe, vorgewärmte Teller verteilen und jeweils mit geriebenem Pecorino bestreuen.

Wein:
»Rosato« - Toscana IGT Rosato - Azienda agricola Dievole, Vagliagli (Siena)

Maccheroni al sugo di »nana« in bianco

Makkaroni mit Entensauce

Zutaten für 4 Personen:
- *1 kleine, küchenfertige Ente (ca. 1 kg)*
- *4 Knoblauchzehen*
- *4 Salbeiblätter*
- *1 EL wilder, gemahlener Fenchel*
- *Salz*
- *Pfeffer*

Für die Sauce
- *1 weiße Zwiebel*
- *3 Knoblauchzehen*
- *1 Stange Sellerie*
- *kalt gepresstes Olivenöl*
- *1 l Gemüsebrühe*
- *200 ml trockener Weißwein*
- *etwas Mehl*
- *1 TL schwarze Pfefferkörner*
- *1 TL wilder, gemahlener Fenchel*

- 1 bis 4 Tage vorher die Ente würzen und durchziehen lassen. Hierfür den Knoblauch schälen und fein hacken. Mit Salbeiblättern, gemahlenem Fenchel, Salz und Pfeffer vermischen. Die Ente damit füllen. Das Geflügel in Pergamentpapier einschlagen und 1 bis 4 Tage im Kühlschrank durchziehen lassen.

- Den Backofen auf 150 °C vorheizen. Die Ente in eine feuerfeste Form legen und etwa 1 Std. im Ofen braten. Herausnehmen und abkühlen lassen. Dann enthäuten, das Fleisch von den Knochen lösen und klein schneiden. Die Knochen aufbewahren.

- Den Backofen auf 220 °C einstellen. Das Fett aus der Form abgießen, die Knochen hineingeben und ca. 20 Min. im Ofen rösten.

- Inzwischen Zwiebel und 2 Knoblauchzehen abziehen und fein hacken. Sellerie putzen, waschen und fein schneiden. Einen Schuss Olivenöl in einer Pfanne erhitzen. Zwiebel, Knoblauch und Sellerie darin anschwitzen. Das Entenfleisch zufügen und kräftig anbraten. Anschließend die Pfanne vom Herd nehmen.

>>>

Außerdem
- *400 g toskanische Makkaroni (Maccheroni di Toscana)*
- *100 g Butter*
- *60 g frisch geriebener Pecorino oder Caciotta (halbfester Schnittkäse)*

- Die Gemüsebrühe erhitzen. Die Knochen damit übergießen und die Form auf den Herd stellen. Die Flüssigkeit auf die Hälfte einkochen lassen. Dann durch ein feines Tuch oder einen Kaffeefilter abseihen.

- Die Pfanne mit der Entenfleischmischung erneut erhitzen. Sobald sie schön heiß ist, mit Weißwein ablöschen. Den Alkohol verdampfen lassen. Das Ganze mit etwas Mehl bestäuben, dann die abgeseihte Brühe angießen und alles gut vermischen. Die Flüssigkeit auf ein Viertel einkochen lassen. Restliche Knoblauchzehe schälen und fein hacken. Mitsamt Pfefferkörnern und gemahlenem Fenchel zur Sauce geben.

- Während die Sauce einkocht, die Makkaroni in reichlich Salzwasser bissfest garen. Abseihen und in eine vorgewärmte Schüssel füllen. Die Butter untermengen. Die Sauce und den geriebenen Käse dazu reichen.

- Sofort servieren.

Tipp: Toskanische Makkaroni erhalten Sie über das Internet oder in italienischen Feinkostläden.

Wein:
»Castello di Monna Lisa« - Chianti Classico DOCG Riserva - Azienda vinicola Vignamaggio, Greve in Chianti (Florenz)

Testaroli

Testaroli

Zutaten für 4 Personen:

Für die Testaroli
- *400 g Hartweizenmehl*
- *1 Prise Salz*
- *2 gusseiserne Pfannen mit Deckel (testi di ghisa)*
- *½ Kartoffel*
- *kalt gepresstes Olivenöl*
- *grobes Meersalz*
- *Salz*

Für das Pesto
- *100 g Basilikum*
- *3 Knoblauchzehen*
- *150 g kalt gepresstes Olivenöl*
- *100 g frisch geriebener Pecorino*

Hinweis:

Testaroli sind ein typisches Arme-Leute-Essen aus der historischen Region Lunigiana im Norden der Toskana. Seinen Namen verdankt das Gericht der *Testa*, einer gusseisernen Pfanne, in der der Teig gegart wird. Traditionell werden Testaroli über offenem Feuer zubereitet; im Sommer könnte man das Rezept auf einem Grill ausprobieren, auf einem herkömmlichen Herd geht es allerdings auch. Achten Sie darauf, dass die Pfannen gut heiß sind, bevor Sie den Teig einfüllen.

- Zunächst das Pesto zubereiten. Hierfür die Basilikumblätter waschen, trocken schütteln und fein hacken. Den Knoblauch schälen und ebenfalls fein hacken. Basilikum und Knoblauch in einen großen Mörser füllen. Nach und nach das Olivenöl und den Pecorino unterarbeiten, bis ein sämiges Pesto entsteht.

- Für die Testaroli Mehl und Salz in einer Schüssel vermischen. 1,5 l Wasser angießen und das Ganze mit einem Schneebesen zu einem glatten Teig verrühren.

- 2 gusseiserne Pfannen leicht einfetten, dafür die halbe Kartoffel in Olivenöl tauchen und die Pfannen damit ausreiben. Die Pfannen erhitzen. Etwas grobes Meersalz einstreuen und sofort wieder entfernen.

- Den Teig gleichmäßig auf die Pfannen verteilen. Jeweils mit einem Deckel verschließen und den Teig etwa 5 Min. garen, bis er an der Oberfläche Blasen wirft. Anschließend wenden und auf der anderen Seite ebenfalls etwa 5 Min. backen.

- Aus den Pfannen auf ein sauberes Tuch gleiten und kurz abkühlen lassen. Inzwischen in einem großen Topf reichlich Salzwasser zum Kochen bringen.

- Die Testaroli in ca. 4 cm große Rauten schneiden und diese im kochenden Salzwasser ca. 2 Min. garen. Mit einem Schaumlöffel herausnehmen, gut abtropfen lassen und mit Pesto bestreichen. Sofort servieren.

Wein:

»Vernaccia di San Gimignano DOCG Riserva« - Società Agricola Panizzi, San Gimignano (Siena)

FRANCESCO FERRUCCI

Cecigliano della Valdichiana

Kichererbsenauflauf aus Valdichiana

Zutaten für 4 Personen:
- *100 g getrocknete Kichererbsen*
- *100 g getrocknete weiße Bohnen*
- *100 g getrocknete Maiskörner*
- *120 g getrocknete Esskastanien*
- *Salz*
- *1 weiße Zwiebel*
- *1 Stange Sellerie*
- *1 Karotte*
- *2 Knoblauchzehen*
- *1 EL frisch gehackte Petersilie*
- *1–2 frische Salbeiblätter*
- *60 g durchwachsener Speck*
- *kalt gepresstes Olivenöl*
- *500 g vollreife Tomaten*
- *750 ml heißes Wasser*
- *4 Scheiben toskanisches Weißbrot*

- Am Abend vorher Kichererbsen, Bohnen, Maiskörner und Kastanien in separaten Schüsseln über Nacht in kaltem Wasser einweichen.

- Am nächsten Tag abgießen und kalt abspülen. Alle Hülsenfrüchte und die Kastanien in leicht gesalzenem Wasser bissfest garen. Anschließend abseihen.

- Zwiebel, Sellerie, Karotte, Knoblauchzehen, Petersilie und Salbeiblätter waschen, schälen, putzen und klein hacken. Den Speck in feine Würfel schneiden.

- In einer großen, tiefen Pfanne 8 EL Olivenöl erhitzen. Gemüse und Speck gute 5 Min. darin anschwitzen.

- Inzwischen die Tomaten waschen, vom Stielansatz befreien und würfeln. Zu dem Gemüse in der Pfanne geben. Das Ganze 15 Min. offen köcheln lassen. Dann Hülsenfrüchte sowie Kastanien zufügen und das heiße Wasser angießen. Das Ganze gut vermischen und mit Salz würzen.

- Bei niedriger Hitze zugedeckt köcheln lassen, bis die Hülsenfrüchte weich sind, aber noch nicht zerfallen.

- Die Brotscheiben toasten, in Würfel schneiden und mit etwas Olivenöl beträufeln.

- Den Kichererbseneintopf mit den getoasteten Brotwürfeln bestreuen und servieren.

Wein:
»Logge Vasari« - Valdichiana Bianco DOC - Cantina dei Vini tipici dell'Aretino, Ponte a Chiani (Arezzo)

Pappardelle al sugo di cinghiale

Pappardelle in Wildschweinsauce

Zutaten für 4 Personen:

Für die Marinade

- *1 Stange Sellerie*
- *1 Karotte*
- *1 mittelgroße Zwiebel*
- *1 TL Wacholderbeeren*
- *1 TL schwarze Pfefferkörner*
- *1 l trockener Rotwein*

Für die Fleischsauce

- *500 g Wildschweinkeule*
- *Rotweinessig*
- *8 EL Olivenöl*
- *1 Bund Petersilie*
- *1–2 Salbeiblätter*
- *1 TL frisch gehackter Rosmarin*
- *6 Wacholderbeeren*
- *1 TL schwarze Pfefferkörner*
- *3 Knoblauchzehen*
- *300 g geschälte oder passierte Tomaten (aus der Dose)*
- *500 ml heiße Fleischbrühe*
- *Salz*

- Für die Marinade Sellerie, Karotte und Zwiebel putzen bzw. schälen und fein würfeln. Die Wacholderbeeren mit einem Messer zerdrücken. Die genannten Zutaten gemeinsam mit Pfefferkörnern und Rotwein in ein großes Porzellangefäß geben, in dem die Keule Platz hat. Gut verrühren.

- Die Wildschweinkeule mit Rotweinessig abreiben und dann in die Marinade legen. Das Fleisch sollte von Marinade bedeckt sein. An einem kühlen Ort marinieren lassen. Die Marinierzeit hängt vom Alter des Wildschweines ab und variiert von 12 bis 24 Stunden.

- Anschließend herausnehmen und trocken tupfen. Das Fleisch vom Knochen lösen und von überschüssigem Fett, Sehnen und Knorpeln befreien. In mundgerechte Stücke schneiden. Die Marinade abseihen und aufbewahren.

- Die Fleischsauce möglichst einen Tag vorher zubereiten und über Nacht stehen lassen.

- In einem großen Bräter 4 EL Olivenöl kräftig erhitzen. Das Fleisch darin von allen Seiten ca. 15 Min. anbraten, bis es Saft abgegeben hat. Das Fleisch in ein Sieb geben und abtropfen lassen. Etwaigen Saft dabei auffangen. Den Saft aus dem Bräter in eine kleine Schüssel gießen.

- Die Petersilie waschen, trocken schütteln und fein hacken. Die Salbeiblätter klein schneiden. Die Wacholderbeeren und die Pfefferkörner zerdrücken. Gemüse und Gewürze der Marinade abschöpfen und eventuell nochmals zerkleinern. Die Knoblauchzehen schälen und fein hacken.

>>>

Außerdem
- *400 g Pappardelle mit Ei*
- *frisch geriebener Parmesan*

- Restliches Olivenöl in dem Bräter erhitzen und die Würzzutaten aus der Marinade sowie Knoblauch kurz darin anschwitzen. Das Fleisch zufügen und bei starker Hitze unter Rühren 5 Min. anbraten.

- Mit der Marinade ablöschen. Sobald der Alkohol verdampft ist, die geschälten Tomaten hinzufügen und mit einer Gabel zerdrücken. Aufgefangenen Fleischsaft, Petersilie, Salbei, Rosmarin, Wacholderbeeren und Pfefferkörner untermengen.

- Bei niedriger Hitze mindestens 1 Std. zugedeckt köcheln lassen (sollte das Wildschwein älter sein, auch etwas länger). Hin und wieder umrühren und bei Bedarf mit etwas Fleischbrühe aufgießen, damit die Sauce ausreichend flüssig bleibt. Zum Schluss mit Salz abschmecken.

- Die Pappardelle in reichlich Salzwasser bissfest garen, abseihen und unter die Fleischsauce mischen. Wenn die Nudeln zu viel Flüssigkeit aufsaugen, etwas Nudelkochwasser zufügen.

- Das Ganze auf 4 tiefe Teller verteilen. Jede Portion mit Parmesan bestreuen.

Tipps: Wer Wildgeschmack nicht sonderlich schätzt, sollte bei diesem Rezept auf Frischlingskeule zurückgreifen. Frischlinge werden im Alter von 3 bis 4 Monaten geschlachtet; ihr Fleisch ist, ähnlich wie bei einem Spanferkel, sehr zart und hat noch keinen ausgeprägten Wildgeschmack.

Wein:
»Rosso di Montalcino« - Rosso di Montalcino DOC - Tenute Niccolai, San Gimignano (Siena)

ERIA
Oggi Porchetta

Gnudi del Casentino con salsa allo zafferano

Klöße nach Casentiner Art mit Safran

Zutaten für 4 Personen:

Für die Klöße

- *250 g frischer Spinat oder Mangold*
- *Salz*
- *250 g Ricotta vom Schaf*
- *100 g frisch geriebener Parmesan*
- *4 Eier*
- *Mehl Type 405*
- *Pfeffer*
- *1 Prise frisch geriebene Muskatnuss*
- *kalt gepresstes Olivenöl*

Zubereitung der Klöße

- Spinat oder Mangold gründlich waschen und in wenig – leicht gesalzenem – Wasser blanchieren. Ausdrücken und fein schneiden.

- In einer Schüssel Ricotta, Spinat oder Mangold, Parmesan, Eier, etwas Mehl, Salz und Pfeffer sowie Muskatnuss gut zu einer festen, glatten Masse vermengen.

- Mit Hilfe von 2 Esslöffeln von der Masse mittelgroße Klöße abstechen. Vorsichtig in Mehl wälzen und auf ein Blech legen. Die Klöße mindestens 30 Min. oder bis zu 1 Std. ruhen lassen.

- Reichlich Salzwasser zum Kochen bringen und etwas Olivenöl zufügen. 1 bis 2 Probeklöße in das kochende Wasser gleiten lassen und warten, bis sie an die Oberfläche steigen. Sind sie beim Garen zerfallen, noch etwas Mehl unter die Masse mengen und erneut Klöße abstechen. Die Klöße portionsweise ca. 2 Min. im Wasser garen. Mit einem Schaumlöffel herausheben, auf einen großen Teller legen, mit etwas Olivenöl beträufeln und im Ofen bei 50 °C warm halten.

>>>

Für die Sauce
- ***1 Schalotte***
- ***1 EL Butter***
- ***500 ml trockener Weißwein***
- ***300 g Sahne***
- ***1 Tüte Safranfäden (ca. 4 g)***
- ***100 g frisch geriebener Pecorino***
- ***weißer Pfeffer***

Zubereitung der Sauce
- Die Schalotte abziehen und fein schneiden. Die Butter in einer Pfanne erhitzen und die Schalotte darin goldgelb anschwitzen. Mit Wein ablöschen, die Sahne und die Safranfäden unterrühren. Das Ganze einmal aufkochen lassen.

- Dann den Pecorino unterrühren. Die Pfanne vom Herd nehmen und so lange rühren, bis der Käse geschmolzen ist. Die Sauce durch ein Sieb streichen. Mit Salz und weißem Pfeffer abschmecken.

- Die Safransauce als Spiegel auf 4 tiefe, vorgewärmte Teller geben. Jeweils 1 Portion Klöße darauf arrangieren und alles sofort servieren.

Wein:
»Novello« - Toscana IGT Novello - Azienda vinicola Marzocchi, Montefoscoli (Pisa)

100

Suppen und Pasta

Ribollita toscana

Toskanischer Gemüseauflauf

Zutaten für 4 Personen:
- *300 g getrocknete weiße Bohnen*
- *1 Zwiebel*
- *1 Stange Lauch*
- *3 vollreife Tomaten*
- *1 Kopf Schwarzkohl*
- *½ Kopf Weißkohl*
- *500 g Mangold*
- *2 Karotten*
- *2 Stangen Sellerie*
- *2 Knoblauchzehen*
- *kalt gepresstes Olivenöl*
- *2 Thymianzweige*
- *Salz*
- *Pfeffer aus der Mühle*
- *8 Scheiben altbackenes Weißbrot*

- Die Bohnen über Nacht in kaltem Wasser einweichen. Am nächsten Tag abseihen, kalt abspülen und in einem Topf mit frischem, kaltem Wasser bedecken. Zum Kochen bringen und bei mittlerer Hitze in etwa 1 Std. weich garen. Abgießen und dabei das Kochwasser auffangen.

- Drei Viertel der Bohnen pürieren, den Rest beiseite stellen. Das Püree in das Kochwasser der Bohnen geben.

- Zwiebel abziehen und fein hacken. Lauch putzen, waschen und in feine Ringe schneiden. Tomaten waschen, vom Stielansatz befreien und würfeln. Beide Kohlsorten sowie Mangold putzen, waschen und fein schneiden. Karotten schälen und würfeln. Sellerie putzen, waschen und in feine Ringe schneiden. Knoblauch abziehen.

- In einem großen Topf 3 EL Olivenöl erhitzen. Zwiebel und Lauch darin anschwitzen. Restliche Gemüsesorten und Knoblauch zugeben und ebenfalls anschwitzen. Dann Tomaten und Thymian unterrühren. Kräftig salzen und pfeffern.

- Das Bohnenwasser mitsamt Püree untermengen. Die Suppe zugedeckt bei niedriger Hitze 1 Std. köcheln lassen. Eventuell etwas warmes Wasser hinzufügen. Einige Minuten vor Ende der Garzeit drei Viertel der ganzen Bohnen einrühren.

- Auf den Boden einer großen Auflaufform 4 Brotscheiben legen. Mit reichlich Bohnensuppe übergießen. Den Vorgang wiederholen und die restliche Suppe in der Form verteilen. Das Ganze über Nacht durchziehen lassen.

- Am nächsten Tag den Backofen auf 160 °C vorheizen. Die Form in den Ofen stellen und den Eintopf etwa 15 Min. garen. Mit Olivenöl beträufeln, mit Pfeffer übermahlen und die restlichen ganzen Bohnen auf der Oberfläche verteilen. Sofort servieren.

Wein:
»Il boscaccio« - Chianti DOCG
Tenuta Moriano, Montespertoli
(Florenz)

S.PELLEGRINO

MENU :
1961

104
Suppen und Pasta

Tortelli di zucca gialla al pesto di zucchine e mentuccia

Kürbistortelli mit Zucchini-Pfefferminz-Pesto

Zutaten für 4 Personen:
- *500 g frischer Nudelteig (s. Rezept S. 64)*

Für die Füllung
- *150 g gelber Kürbis*
- *150 g Kartoffeln*
- *150 g Ricotta vom Schaf*
- *1 EL frisch geriebener Parmesan*
- *1 Ei*
- *1 Prise getrockneter Oregano*
- *1 Msp. gemahlene Pfefferschoten*
- *Salz*
- *Pfeffer*

Zubereitung der Tortelli
- Den Backofen auf 180 °C vorheizen.

- Für die Füllung den Kürbis von den Samen befreien, in Alufolie wickeln und 30 Min. im Backofen garen. Die Kartoffeln waschen, ungeschält ebenfalls in Alufolie wickeln und in einer feuerfesten Form 45–60 Min. im Backofen garen.

- Kürbis und Kartoffeln kurz abkühlen lassen, schälen und durch eine Kartoffelpresse drücken oder im Mixer pürieren. In einer Schüssel das Kürbis-Kartoffel-Mus mit Ricotta, Parmesan, Ei, Oregano und Pfefferschoten gründlich vermengen. Mit Salz und Pfeffer würzen.

- Den Ravioliteig auf einer bemehlten Arbeitsfläche dünn ausrollen und in zwei Hälften teilen. Auf einer Hälfte in regelmäßigen Abständen jeweils 1 TL Kürbisfüllung aufbringen. Die zweite Teighälfte darüberlegen und rund um die Füllung jeweils vorsichtig zusammendrücken. Mit einem Teigrädchen Tortelli ausschneiden. Die Ränder mit einer Gabel zusammendrücken. Die Tortelli auf ein bemehltes Blech setzen.

- Backofen auf 120 °C vorheizen und Dattel- oder Kirschtomaten auf einer feuerfesten Platte darin 15 Min. garen.

>>>

Für das Pesto
- *1 große Zucchini*
- *½ Knoblauchzehe*
- *20 g Pinienkerne*
- *2 Pfefferminzzweige*
- *100 g frisch geriebener Parmesan*
- *1 TL Weißweinessig*
- *kalt gepresstes Olivenöl*

Außerdem
- *8–10 Dattel- oder Kirschtomaten*
- *1 EL Butter*

Zubereitung des Pestos
- Die Zucchini waschen, putzen und in kleine Würfel schneiden. Den Knoblauch schälen. Die Pinienkerne kurz in einer Pfanne ohne Fettzugabe rösten. Die Pfefferminzzweige waschen, trocken schütteln und die Blätter abzupfen.

- Die Zucchiniwürfel in kochendem Wasser blanchieren. Anschließend gemeinsam mit Knoblauch, Pinienkernen, Parmesan, Pfefferminzblättern, Weißweinessig und einem Schuss Olivenöl im Mixer pürieren, bis eine cremige Paste entsteht. Salzen und pfeffern.

Anrichten der Tortelli
- Reichlich Wasser zum Kochen bringen und salzen. Die Tortelli hineingeben. Sobald sie an die Oberfläche steigen, nochmals etwa 5 Min. garen. Abgießen und abtropfen lassen. Butter in einer großen Pfanne erhitzen, einen Schöpfer Nudelwasser hinzugießen. Die Tortelli vorsichtig darin schwenken, dabei darauf achten, dass sie nicht platzen.

- In eine vorgewärmte Schüssel füllen und das Pesto darauf verteilen. Das Ganze mit Dattel- oder Kirschtomaten garnieren und sofort servieren.

Wein:
»Trebbiano di Toscana« - Toscana IGT Bianco - Tenuta Vitereta, Laterina (Arezzo)

Polenta al sugo toscano
Polenta mit toskanischer Sauce

Zutaten für 4 Personen:
Für die Sauce
- *1 Zwiebel*
- *1 Karotte*
- *2 Knoblauchzehen*
- *2 Stangen Sellerie*
- *20 g durchwachsener Speck*
- *2 EL Olivenöl*
- *2 frische, toskanische Würste*
- *300 g Hackfleisch vom Kalb oder vom Schwein*
- *500 ml Rotwein (Sangiovese)*
- *600 g geschälte Tomaten (aus der Dose)*
- *500 ml Rinderbrühe*
- *1 Prise frisch geriebene Muskatnuss*
- *5 frische Basilikumblätter*
- *Salz*
- *Pfeffer*

Zubereitung der Sauce

- Zwiebel, Karotte sowie Knoblauch schälen und fein hacken. Sellerie putzen, waschen und fein schneiden. Den Speck fein würfeln.

- Das Olivenöl in einer großen Pfanne erhitzen. Gemüse und Speck darin etwa 15 Min. anschwitzen. Dabei mehrmals umrühren.

- Die toskanischen Würste jeweils an einem Ende aufschneiden und das Brät herausdrücken. Das Brät mit einer Gabel zerdrücken. Gemeinsam mit dem Hackfleisch in die Pfanne mit dem Gemüse geben und bei starker Hitze kurz anbraten. Hitze reduzieren und das Ganze weitere 20 Min. schmoren lassen.

- Mit Rotwein ablöschen und den Alkohol verkochen lassen. Geschälte Tomaten, ein Drittel der Rinderbrühe und geriebene Muskatnuss hinzufügen. Die Sauce bei mittlerer Hitze zugedeckt mindestens 1 Std. köcheln lassen. Sollte sie zu trocken werden, weitere Rinderbrühe unterrühren.

- Zum Schluss mit Salz und Pfeffer würzen. Basilikumblätter waschen und mit einer Küchenschere direkt über der Pfanne in Streifen schneiden.

>>>

Für die Polenta
- *grobes Meersalz*
- *2 Lorbeerblätter*
- *1 EL Olivenöl*
- *5 gehäufte EL Polentagries*

Zubereitung der Polenta
- Etwa 30 Min. vor Ende der Garzeit der Sauce 1 l Wasser in einem großen Topf mit schwerem Boden zum Kochen bringen. Das Wasser salzen, die Lorbeerblätter und 1 EL Olivenöl hineingeben. Den Polentagrieß einrieseln lassen und dabei ständig mit einem Schneebesen rühren.

- Aufkochen lassen, die Hitze verringern und die Polenta etwa 30 Min. köcheln lassen. Dabei häufig mit einem Holzkochlöffel umrühren.

- Die Polenta auf 4 Teller verteilen und jeweils etwas Sauce darübergießen. Sofort servieren.

Hinweis: In einigen Regionen der Toskana wird zusätzlich gehackte Hühnerleber (ca. 100 g) in die Sauce gegeben (gemeinsam mit Wurstbrät und Hackfleisch anbraten); in den Apenninen der toskanischen und romagnolischen Provinz werden in gekochter Milch eingeweichte frische oder getrocknete Steinpilze (ca. 20 g) als Würze zugefügt.

Wein:
»Rosso di Montepulciano« - Rosso di Montepulciano DOC - Azienda agricola La Ciarliana, Gracciano, Montepulciano (Siena)

Spaghetti aglio, olio e peperoncino

Spaghetti mit Knoblauch, Öl und Pfefferschoten

Zutaten für 6 Personen
- *1 EL grobes Meersalz*
- *6 Knoblauchzehen*
- *4 scharfe, ganze Pfefferschoten*
- *100 ml kalt gepresstes Olivenöl*
- *500 g Spaghetti*

- Für die Spaghetti 4 l Wasser gemeinsam mit dem groben Meersalz zum Kochen bringen.

- Den Knoblauch abziehen und fein hacken. Die Pfefferschoten längs halbieren, von den Samen befreien und ebenfalls fein hacken. Das Olivenöl in eine große Pfanne geben. Knoblauch sowie Pfefferschoten zufügen und kurz mit dem Öl vermischen. Noch nicht erhitzen.

- Sobald das Wasser kocht, die Spaghetti darin nach Packungsanweisung bissfest garen.

- Gute 4 Min. bevor die Spaghetti bissfest sind, die Pfanne mit dem Knoblauch und den Pfefferschoten mittelstark erhitzen. Der Knoblauch sollte goldgelb, aber nicht braun werden.

- Die Spaghetti abseihen und dabei etwas Kochwasser auffangen. Die Spaghetti in die Pfanne geben und gründlich schwenken, bis sie das Öl gut aufgenommen haben und keines mehr am Pfannenboden zu sehen ist. Etwas Nudelkochwasser unterrühren. Sofort servieren.

Variation: Nach Belieben können Sie zum Schluss noch 3 EL frisch gehackte Petersilie oder 12 halbierte Kirschtomaten unter die Spaghetti mengen.

Hinweis: Da Knoblauch und Pfefferschoten in das kalte Öl gegeben werden, intensiviert sich deren Geschmack. Sie können auch getrocknete Pfefferschoten verwenden, die Sie zwischen den Fingern direkt in das Öl reiben (nach dem Hantieren mit frischen oder getrockneten Pfefferschoten sofortiges Händewaschen nicht vergessen!). Ob 4 Min. vor Garende der Spaghetti ausreichen, um das Öl langsam zu erhitzen, hängt von der Leistung Ihres Herdes ab, sicherheitshalber können Sie die Platte auch 6 Min. bevor die Nudeln gar sind, einschalten.

Wein:
»Litorale« - Toscana IGT Vermentino - Società agricola Val delle Rose, Grosseto

OPVS BENOTII

Risotto allo zafferano e gamberi

Safranrisotto mit Garnelen

Zutaten für 4 Personen:
- 300 g frische Garnelenschwänze
- 70 g Butter
- 200 ml trockener Weißwein
- 1 l Gemüsebrühe
- 2 kleine Schalotten
- 3 EL kalt gepresstes Olivenöl
- 300 g Carnaroli- oder Arborio-Reis
- 1 Tüte Safranfäden (ca. 4 g)
- Salz
- Pfeffer
- abgeriebene Schale von ½ unbehandelten Zitrone
- 2 EL fein gehackte Petersilie

- Die Garnelenschwänze schälen und mit einer Pinzette vom dunklen Darm befreien. In grobe Stücke schneiden. In einer Pfanne 1 EL Butter erhitzen und die Garnelenstücke darin 2–3 Min. anbraten. Mit 50 ml Weißwein ablöschen und den Alkohol einkochen lassen. Beiseite stellen.

- Die Gemüsebrühe erhitzen. Restlichen Weißwein erwärmen. Die Schalotten abziehen und fein schneiden. In einem großen Topf das Öl erhitzen und die Schalotten darin goldgelb anschwitzen. Den Reis hinzufügen und unter Rühren anschwitzen, bis alle Körner von Öl überzogen sind.

- Den heißen Weißwein angießen und unter Rühren verdampfen lassen. 1 Schöpflöffel Brühe zufügen und so lange rühren, bis der Reis die Flüssigkeit vollkommen aufgesogen hat. Diesen Vorgang wiederholen, bis die gesamte Brühe aufgebraucht ist. Der Risottoreis benötigt 25–30 Min. um bissfest zu werden.

- 5 Min. vor Ende der Garzeit den Safran untermischen, salzen und pfeffern. Dann Garnelen und Zitronenschale unterheben.

- Den Topf vom Herd nehmen und die restliche Butter einrühren. Den Risotto noch 5 Min. durchziehen lassen, dann umgehend servieren. Jede Portion mit etwas Petersilie bestreuen.

Tipps: Die Brühe, mit der aufgegossen wird, muss heiß sein, damit der Kochvorgang nicht unterbrochen wird. Risotto sollte stets leise köcheln, deshalb muss man auch häufig umrühren, damit nichts am Topfboden ansetzt. Den Safran können Sie bereits vor dem Zugeben in 2 EL Wasser einweichen, dann löst er sich besser auf. Mitsamt dem Wasser zufügen.

Wein:
»Trebbiano di Toscana« - Toscana IGT Bianco - Tenuta Vitereta, Laterina (Arezzo)

Secondi piatti

Hauptspeisen

Pollo alla cacciatora

Huhn nach Jägerart

Zutaten für 4 Personen:
- *1 frisches, küchenfertiges Bio-Huhn (ca. 1 kg)*
- *Salz*
- *Pfeffer*
- *2 Karotten*
- *2 Stangen Sellerie*
- *1 Zwiebel*
- *1 Knoblauchzehe*
- *400 g vollreife Tomaten*
- *4 EL Olivenöl*
- *200 ml trockener Weißwein*
- *2 Thymianzweige*

- Das Huhn innen und außen kalt waschen und trocken tupfen. In 12 Stücke teilen und diese mit Salz und Pfeffer einreiben.

- Die Karotten schälen und würfeln. Den Stangensellerie waschen, putzen und in feine Scheiben schneiden. Zwiebel und Knoblauch abziehen und fein hacken. Die Tomaten waschen, vom Stielansatz befreien und grob würfeln.

- In einem großen Bräter mit Deckel (die 12 Hühnerteile sollten darin Platz haben) das Olivenöl erhitzen. Karotten, Sellerie, Zwiebel und Knoblauch darin anschwitzen. Die Temperatur erhöhen, die Hühnerteile einlegen und rundum kräftig anbraten.

- Mit Weißwein ablöschen und die Flüssigkeit verdampfen lassen. Tomaten und Thymian zufügen. Mit Salz und Pfeffer würzen. Gut verrühren.

- Die Hitze reduzieren. Den Bräter mit einem Deckel verschließen und das Huhn etwa 40 Min. schmoren lassen.

- Dazu passt frisches Weißbrot oder Polenta (s. S. 106).

Wein:
»Chianti Colli Aretini« - Chianti Colli Aretini DOCG - Azienda agricola Villa Cilnia, Montoncello (Arezzo)

Arista in porchetta

Schweinebraten

Zutaten für 4 Personen:
- ***Salz***
- ***schwarzer Pfeffer aus der Mühle***
- ***½ TL Fenchelsamen***
- ***6–7 Knoblauchzehen***
- ***2 Rosmarinzweige***
- ***1,5 kg Schweinerücken mit Knochen***
- ***3 EL kalt gepresstes Olivenöl***
- ***200 ml trockener Weißwein***
- ***1 Karotte***
- ***1 Zwiebel***
- ***2 Stangen Sellerie***

Tipp:
Erwerben Sie den Schweinerücken möglichst bei einem Metzger Ihres Vertrauens, der Fleisch von artgerecht gezogenen und gehaltenen Tieren anbietet. Dieses Fleisch ist zwar etwas teurer als jenes vom Supermarkt, ist jedoch qualitativ um Klassen besser.

Wein:
»Villa Calcinaia« - Chianti Classico DOCG - Villa Calcinaia, Greve in Chianti (Florenz)

- 200 ml Wasser zum Kochen bringen. Salzen, pfeffern und die Hälfte der Fenchelsamen einstreuen. Die ungeschälten Knoblauchzehen einlegen und 5 Min. garen. Mit einem Schaumlöffel herausnehmen, abkühlen lassen und schälen. Das Kochwasser aufbewahren. Von den Rosmarinzweigen die Nadeln abzupfen und fein hacken.

- Knoblauch, Rosmarin, restliche Fenchelsamen, Salz und Pfeffer in einen Mörser geben. Etwas Knoblauchkochwasser zufügen und das Ganze zu einer glatten Paste verarbeiten.

- Den Schweinerücken entlang der Knochen mit einem scharfen Messer ca. 3 cm tief einschneiden, bis eine Art Tasche entsteht. Die Knoblauchpaste gleichmäßig in der Tasche verteilen. Das Fleisch gegen die Knochen pressen und das Ganze mit Küchengarn fixieren. Den Backofen auf 180 °C vorheizen.

- Das Olivenöl in einem feuerfesten Bräter erhitzen. Den Schweinerücken darin von allen Seiten kräftig anbraten. Das Fleisch salzen und pfeffern. Mit Weißwein ablöschen und den Alkohol einkochen lassen. Den Bräter in den Ofen stellen und das Fleisch etwa 40 Min. garen.

- Karotte und Zwiebel schälen. Sellerie putzen und waschen. Das Gemüse in grobe Stücke schneiden und rund um das Fleisch verteilen. Die Temperatur auf 160 °C reduzieren und das Ganze nochmals etwa 1 Std. garen. Eventuell heißes Wasser zufügen, falls das Fleisch zu wenig Saft abgibt.

- Den Braten herausnehmen und kurz abkühlen lassen. Den Bratensaft durch ein feines Sieb abseihen. Das Fleisch vom Küchengarn befreien und in dünne Scheiben schneiden. Pro Person 3 bis 4 Scheiben auf einem vorgewärmten Teller arrangieren und das Fleisch jeweils mit Bratensaft beträufeln.

Baccalà alla fiorentina con polenta

Stockfisch nach Florentiner Art mit Polenta

Zutaten für 6 Personen:
- ***800 g Stockfisch (von Dorsch oder Kabeljau)***
- ***3 Knoblauchzehen***
- ***400 g vollreife Tomaten***
- ***10 EL kalt gepresstes Olivenöl***
- ***1 Rosmarinzweig***
- ***3–4 EL Mehl Type 405***
- ***Salz***
- ***Pfeffer***
- ***4 EL frisch gehackte Petersilie***
- ***1 Rezept Polenta (s. S. 106)***

Tipp:
Stockfisch erhalten Sie auf Vorbestellung im Fischfachhandel, in spanischen, portugiesischen und afrikanischen Lebensmittelläden sowie über das Internet. Für Stockfisch werden Kabeljau, Seelachs oder Schellfisch von Kopf und Schwanz befreit, gesalzen und an der Sonne getrocknet. Diese Art der Konservierung wurde bereits im Mittelalter praktiziert. Stockfisch diente Seeleuten als Proviant und der Handel damit bescherte u.a. der Hansestadt Lübeck beträchtlichen Wohlstand.

- Den Stockfisch 2 Tage lang in kaltem Wasser einweichen. Dabei das Wasser viermal täglich wechseln.

- Den Fisch in ein feuerfestes Gefäß legen, mit kochend heißem Wasser übergießen und einige Min. ziehen lassen. Danach von Haut sowie Gräten befreien und das Fischfleisch mit einer Gabel in mundgerechte Stücke zerteilen.

- Für die Tomatensauce den Knoblauch schälen und fein hacken. Die Tomaten waschen, vom Stielansatz befreien und in kleine Würfel schneiden.

- In einer Pfanne 5 EL Olivenöl erhitzen. Den Knoblauch darin goldgelb anschwitzen. Tomatenwürfel und Rosmarinzweig zufügen. Das Ganze einmal kräftig aufkochen lassen. Dann die Hitze reduzieren und die Sauce zugedeckt etwa 15 Min. köcheln lassen. Eventuell etwas heißes Wasser hinzufügen, falls die Tomaten nicht ausreichend Saft abgeben.

- Die Stockfischstücke in Mehl wälzen. Überschüssiges Mehl abklopfen. Restliches Öl in einer großen Pfanne erhitzen. Den Stockfisch darin portionsweise auf beiden Seiten goldbraun frittieren. Auf Küchenpapier abtropfen lassen.

- Anschließend in die Pfanne mit der Tomatensauce legen. Das Gericht nochmals 10 Min. köcheln lassen, dabei die Fischstücke einmal vorsichtig wenden. Die Sauce mit Salz und Pfeffer abschmecken. Dabei nicht zu viel Salz verwenden, da der Stockfisch bereits reichlich Salz enthält.

- Das Gericht sehr heiß servieren. Jede Portion mit 1 EL Petersilie bestreuen. Frisch zubereitete Polenta dazu reichen.

Wein:
»Vernaccia di San Gimignano« DOCG - Tenute Niccolai, San Gimignano (Siena)

Ossobuco al tegame con porcini

Ossobuco mit Steinpilzen

Zutaten für 4 Personen:

Für das Fleisch

- *4–6 Scheiben von der Kalbshaxe (mit Knochen, je ca. 2 cm dick)*
- *Salz*
- *Pfeffer*
- *4–6 EL Mehl*
- *½ Zwiebel*
- *½ Karotte*
- *2 Knoblauchzehen*
- *1 Stange Sellerie*
- *½ Bund Petersilie*
- *100 g vollreife Tomaten*
- *100 ml kalt gepresstes Olivenöl*
- *200 ml trockener Weißwein*
- *500 ml Fleischbrühe oder Kalbsfond*
- *2 Lorbeerblätter*

Für die Pilze

- *400 g frische Steinpilze*
- *2 Knoblauchzehen*
- *1 Zweig Bergminze, ersatzweise Rosmarin*

- Die Kalbshaxenscheiben waschen und trocken tupfen. Von etwaigem Fett befreien und an einigen Stellen die Haut anschneiden, damit sich das Fleisch beim Schmoren nicht wellt. Die Haxen salzen, pfeffern und mit etwas Mehl bestäuben.

- Zwiebel, Karotte und Knoblauch schälen, den Stangensellerie waschen und putzen, die Petersilie waschen, trocken schütteln und alles fein schneiden. Die Tomaten waschen, vom Stielansatz befreien und würfeln.

- Die Hälfte des Olivenöls in einer breiten Pfanne, in der die Haxenscheiben nebeneinander Platz haben, erhitzen. Die Haxenscheiben darin bei mäßiger Hitze goldbraun anbraten. Dann herausnehmen.

- Zwiebel, Karotte, Knoblauch, Sellerie und Petersilie im Bratensatz anrösten. Mit Weißwein ablöschen und den Alkohol einkochen lassen. Tomatenwürfel sowie 1 Prise Salz zufügen und das Ganze offen 6–8 Min. köcheln lassen.

- Die Kalbshaxenscheiben zurück in die Pfanne legen. Brühe oder Fond angießen. Lorbeerblätter einlegen. Die Pfanne mit einem Deckel verschließen und das Fleisch bei niedriger Hitze ca. 1 Std. schmoren lassen.

>>>

- Etwa 15 Min. vor Ende der Garzeit die Steinpilze mit einem feuchten Tuch säubern. Die Stiele schälen und von den Kappen trennen. Das Pilzfleisch würfeln. Den Knoblauch abziehen und fein hacken.

- 4 EL Öl in einer Pfanne erhitzen und den Knoblauch darin goldgelb anschwitzen. Die Pilze hinzufügen und einige Min. bei starker Hitze anbraten.

- Mit 1 Schöpflöffel heißem Wasser ablöschen. Die Bergminze waschen, abtropfen lassen und die Blätter abzupfen. Zu den Pilzen geben und diese zugedeckt gute 10 Min. dünsten. Mit Salz und Pfeffer würzen.

- Das Ossobuco ist gar, wenn das Fleisch zart ist und sich leicht vom Knochen löst. Aus der Pfanne nehmen und den Lorbeer entfernen. Die Steinpilze einrühren und die Sauce offen einige Min. köcheln lassen. Restliches Olivenöl untermengen.

- Das Fleisch wieder einlegen und mit Sauce bedecken. Gut heiß werden lassen. Pro Person 1 bis 2 Kalbshaxenscheiben mitsamt Sauce auf einen Teller geben. Dazu passen Weißbrot, Polenta oder Risotto.

Wein:
»Brunello di Montalcino« - Brunello di Montalcino DOCG - Cantina Fattoi, Montalcino (Siena)

129
Hauptspeisen

Rotolini di pollo al tartufo nero

Hähnchenrouladen mit schwarzen Trüffeln

Zutaten für 4 Personen:
- *100 g reifer Pecorino*
- *2 schwarze Trüffel à ca. 35 g*
- *2 Hühnerbrüste à ca. 500 g*
- *Salz*
- *Pfeffer*
- *1 Karotte*
- *1 Kartoffel*
- *4 Stangen grüner Spargel*
- *100 g grüne Bohnen*
- *50 g Butter*
- *2 EL kalt gepresstes Olivenöl*

- Den Backofen auf 180 °C vorheizen. Den Pecorino in 12 Scheiben schneiden und einen Trüffel reiben.

- Die Hühnerbrüste der Länge nach jeweils in 4 gleich große Filets schneiden. Leicht flachklopfen und beidseitig mit Salz und Pfeffer würzen. Jedes Filet auf ein Stück Alufolie legen. Jeweils 3 Scheiben Käse und geriebenen Trüffel in die Mitte der Fleischstücke platzieren und diese mit Hilfe der Folie aufrollen. In eine Auflaufform legen. Die Form ½ cm hoch mit Wasser füllen und die Rouladen im Ofen etwa 20 Min. garen.

- Inzwischen das Gemüse schälen bzw. putzen, in Würfel bzw. kleine Stücke schneiden und in kochendem Wasser weich garen. Das Gemüse abseihen. Dabei etwas von dem Kochwasser auffangen.

- Die Butter in einem kleinen Topf erhitzen. Ein Drittel des zweiten Trüffels dazureiben. Eine Prise Pfeffer und 1 Schöpflöffel Gemüsekochwasser zufügen. Den Topf vom Herd nehmen und das Ganze mit einem Schneebesen kräftig durchrühren, bis eine sämige Sauce entsteht.

- Das Olivenöl in einer Pfanne erhitzen. Das vorgegarte Gemüse darin schwenken. Mit Salz und Pfeffer würzen. Warm halten.

- Die Rouladen aus dem Ofen nehmen, die Alufolie entfernen und jede Roulade in 3 gleich große Stücke schneiden. Das Gemüse mit Hilfe eines Speiserings auf 4 Teller verteilen. Jeweils 3 Rouladenstücke daneben arrangieren und mit Sauce überziehen. Restlichen Trüffel über das Fleisch hobeln.

Wein:
»Bolgheri Rosso« - Bolgheri DOC Rosso - Cantina Michele Satta, Castagneto Carducci (Livorno)

7399
7322
6816
8290
M
316
7380

Faraona al vin santo e funghi porcini

Perlhuhn mit Vin Santo und Steinpilzen

Zutaten für 6 Personen:
- *1 küchenfertiges Perlhuhn (ca. 1,2 kg)*
- *1 mittelgroße, rote Zwiebel*
- *½ Bund Salbei*
- *6 EL kalt gepresstes Olivenöl*
- *Salz*
- *Pfeffer*
- *200 ml Vin Santo (Dessertwein)*
- *400 g frische Steinpilze*
- *1 TL frisch gehackter Knoblauch*
- *1 TL frisch gehackte Petersilie*

- Das Perlhuhn in 8 Teile zerlegen und diese in mittelgroße Stücke schneiden. Die Zwiebel abziehen und fein schneiden. Den Salbei waschen, trocken tupfen, die Blätter abzupfen und fein hacken.

- 4 EL Olivenöl in einer großen Pfanne erhitzen. Zwiebel und Salbei darin anschwitzen. Perlhuhnstücke zufügen und rundum goldbraun anbraten. Mit Salz und Pfeffer würzen.

- Mit Vin Santo ablöschen. Die Pfanne mit einem Deckel verschließen und das Fleisch bei niedriger Hitze etwa 40 Min. schmoren lassen. Eventuell noch etwas Vin Santo hinzufügen.

- Die Steinpilze mit einem feuchten Tuch säubern, putzen und würfeln. Restliches Olivenöl in einer Pfanne erhitzen. Gehackten Knoblauch darin anschwitzen. Die Steinpilze sowie die Petersilie hinzufügen und bei starker Hitze ca. 5 Min. anbraten.

- Die Pilzmischung zu den Perlhuhnstücken geben, alles gut vermengen und nochmals 5 Min. bei niedriger Hitze durchziehen lassen. Sofort servieren.

Variation: Anstelle von Vin Santo können Sie auch Marsala verwenden. Vin Santo ist Dessertwein aus der Toskana, Marsala ist ebenfalls ein Süßwein und stammt von der gleichnamigen sizilianischen Hafenstadt. Beide Weine werden in den Geschmacksrichtungen trocken bis sehr süß ausgebaut. Für dieses Gericht empfiehlt es sich, eine eher trockene Sorte zu nehmen.

Wein:
»Le Pergole Torte« - Toscana IGT - Società agricola Montevertine, Radda in Chianti (Siena)

Coniglio alla cacciatora
Kaninchen nach Jägerart

Zutaten für 6 Personen:
- 1 küchenfertiges Kaninchen (ca. 1 kg)
- 6 EL kalt gepresstes Olivenöl
- 1 mittelgroße, rote Zwiebel
- Salz
- Pfeffer
- 1 Prise Chilipulver
- 6 vollreife Tomaten
- 2 Knoblauchzehen
- 8 Basilikumblätter
- 150 ml trockener Weißwein

- Das Kaninchen sorgfältig säubern, waschen, mit Küchenpapier trocken tupfen und in mittelgroße Stücke schneiden.

- 4 EL Olivenöl in einer großen Pfanne erhitzen. Die Kaninchenstücke darin bei mittlerer Hitze rundum goldbraun anbraten.

- Die Zwiebel abziehen, fein hacken und zum Fleisch geben. Mit Salz, Pfeffer und Chilipulver würzen. Zugedeckt etwa 15 Min. schmoren lassen.

- Inzwischen die Tomaten oben über Kreuz einritzen, einzeln auf einem Schaumlöffel 10 Sek. in kochendes Wasser tauchen und anschließend die Haut abziehen. Die Tomaten grob würfeln und in eine Schüssel geben.

- Den Knoblauch schälen und fein hacken. Die Basilikumblätter waschen, trocken tupfen und fein schneiden. Beides zu den Tomaten geben und damit vermischen. Salzen, pfeffern und restliches Olivenöl untermengen.

- Das Fleisch mit Weißwein ablöschen und den Alkohol verkochen lassen. Die Tomatenmischung zufügen und das Ganze gut vermengen. Die Pfanne mit einem Deckel verschließen und das Gericht bei mäßiger Hitze nochmals ca. 40 Min. simmern lassen. Dazu passt Weißbrot oder Polenta.

Wein:
»Vernaccia di San Gimignano DOCG Riserva« - Società Agricola Panizzi, San Gimignano (Siena)

Tagliata fiorentina al pepe verde e rosmarino

Florentiner Steak mit grünem Pfeffer und Rosmarin

Zutaten für 6 Personen:
- *6 T-Bone-Steaks mit Knochen (ca. 1,2 kg)*
- *4 Knoblauchzehen*
- *8 Salbeiblätter*
- *2 Rosmarinzweige*
- *2 EL grobes Meersalz*
- *1 Kopfsalat*
- *2 Zitronen*
- *10 EL kalt gepresstes Olivenöl*
- *2 TL getrockneter Rosmarin*
- *2 TL grüne Pfefferkörner*

Tipp:
Florentiner T-Bone-Steaks können bis zu 6 cm dick geschnitten sein. Die Grillzeit richtet sich danach, ob Sie das Fleisch blutig, gar oder ganz durchgebraten wünschen. Sie können die Steaks natürlich auch im Ganzen servieren.

- Einen Gartengrill anheizen oder die Grillfunktion des Backofens vorheizen.

- Die Steaks mindestens 1 Std. vor dem Grillen aus dem Kühlschrank nehmen.

- Knoblauch abziehen und fein hacken. Salbei und Rosmarin waschen, trocken tupfen und beim Rosmarin die Nadeln abzupfen. Beides fein hacken. Die genannten Zutaten in einen Mörser geben und gemeinsam mit dem Meersalz zu einer groben Paste verarbeiten.

- Den Kopfsalat putzen, in einzelne Blätter teilen, waschen und trocken schleudern. Die Zitronen vierteln.

- Das Olivenöl in einer Pfanne sanft erhitzen und getrockneten Rosmarin sowie grüne Pfefferkörner darin ziehen lassen.

- Das Fleisch auf einen Grillrost legen und auf einer Seite je nach Dicke 5–7 Min. grillen.

- Die Steaks wenden und die gegarte Seite mit der Gewürzpaste einreiben. Nochmals 5–7 Min. grillen.

- Die Steaks kurz ruhen lassen. Dann mit einem scharfen Messer jeweils das Fleisch vom Knochen lösen und quer zur Faser in dünne Scheiben schneiden.

- Die Scheiben auf eine vorgewärmte Platte legen. Mit dem Pfeffer-Rosmarin-Öl beträufeln. Mit Salatblättern und Zitronenvierteln garnieren.

- Sofort servieren.

Wein:
»Brunello di Montalcino« - Brunello di Montalcino DOCG - Colle Massari, Cinigiano (Grosseto)

139 La bistecca alla fiorentina

Warenkunde: Das Florentiner Porterhouse Steak

Ein typisches Florentiner Porterhouse Steak wiegt mehr als ein Kilogramm und ist mindestens 5 bis 6 Zentimeter dick. Sein Geschmack ist unvergesslich und verkörpert in vielerlei Hinsicht die hügelige Landschaft der Toskana. Auf diese regionale Spezialität dürfen die Bewohner dieses Landstrichs zu Recht stolz sein, und nicht umsonst ist das Florentiner Steak Fleischliebhabern auf der ganzen Welt ein Begriff.

Das Fleisch dieser Köstlichkeit stammt von Jungochsen der Rinderrasse Chianina. Diese Rinderrasse ist die älteste Italiens, sie wird bereits bei Plinius dem Älteren (23 oder 24–79 n. Chr.) erwähnt und findet sich in zahlreichen Darstellungen der Etrusker. Die rein weißen Tiere sind enorm groß; ein ausgewachsener Stier kann bis zu 1700 Kilogramm auf die Waage bringen. Der Name Chianina leitet sich vom Chiana-Tal ab, einer ausgedehnten Bodensenke zwischen der Toskana und Umbrien. Dort wurden die Rinder ursprünglich als Arbeitstiere gezüchtet, heute werden sie in ganz Italien und in verschiedenen Teilen der Erde als Fleischrinder gehalten. Die Chianina liefern relativ fettarmes Fleisch von außergewöhnlicher Qualität, das lange in Kühlräumen heranreift, bevor es in den Handel kommt. In Sestino, einer Kleinstadt in der Provinz Arezzo, findet jedes Jahr am letzten Juni-Wochenende ein Fest zu Ehren der Rinderrasse Chianina statt, die *Sagra della Bistecca Chianina*, bei dem natürlich auch zahllose Florentiner Steaks verzehrt werden.

Am besten gelingen die Steaks, wenn sie auf einem Grill gegart werden, der mit Eichen- oder Steineichenholz angeheizt wurde. Nur wenige Minuten pro Seite genügen, um in den Genuss des Fleisches zu kommen; die Knochenseite sollte etwas länger gegrillt werden und zum Schluss empfiehlt es sich, die Steaks mithilfe einer Fleischzange senkrecht zu garen. Man kann sie mit Salz

und Pfeffer würzen und mit etwas Olivenöl beträufeln, doch im natürlichen Zustand kommt ihr unvergleichlicher Geschmack am besten zur Geltung. Beilagen wie gedünstetes Gemüse oder gekochte Kartoffeln sollten nur dezent gewürzt werden, um das Aroma des Fleisches nicht zu schmälern. Ein Glas guter Chianti rundet das delikate Mahl ab.

Der bekannteste »Fleischtempel« der Toskana befindet sich in Panzano in Chianti, einem malerisch gelegenen Dorf hoch über den Weinbergen und Wäldern der Region. Dario Cecchini, der Inhaber der Metzgerei »Antica Macelleria Cecchini«, hat seinen Laden in eine Kultstätte für »Raubtiere« aus der ganzen Welt verwandelt. Cecchini entstammt einer alten Metzgerfamilie und auf der gegenüberliegenden Straßenseite hat er 2006 ein Restaurant namens *Solociccia* (dt.: »Nur Fleisch«) eröffnet, in dem man seine Spezialitäten probieren kann. Eine Reservierung ist unbedingt erforderlich. Panzano ist nur eine knappe Autostunde von Florenz entfernt und inzwischen hat sich die Qualität der Speisen von Cecchini herumgesprochen.

ANTICA MACELLERIA
CECCHINI
11

NTICA MACELLERIA
CECCHINI
Panzano in Chianti • Firenze
Tel. 055 852020

Cinghiale in umido

Wildschweingulasch

Zutaten für 6 Personen:
- *1 kg Wildschweinfleisch von der Nuss*
- *2 Stangen Sellerie*
- *2 Karotten*
- *2 mittelgroße, rote Zwiebeln*
- *2 Knoblauchzehen*
- *1 unbehandelte Zitrone*
- *3 Salbeiblätter*
- *2 Rosmarinzweige*
- *3 EL roter Weinessig*
- *400 ml trockener Rotwein*
- *kalt gepresstes Olivenöl*
- *Salz*
- *1 TL Wacholderbeeren*
- *4–5 Lorbeerblätter*
- *1 Prise Chilipulver*
- *500 ml Fleischbrühe*

Tipp:
Noch aromatischer schmeckt das Gulasch, wenn Sie in die Marinade zusätzlich 200 ml roten Portwein geben.

Variation:
Knochen sorgen für mehr Aroma, nach Belieben können Sie einen nicht ausgelösten Rippenbogen vom Wildschwein mitmarinieren und -garen.

- Das Fleisch waschen, trocken tupfen, von Haut sowie Sehnen befreien und in mittelgroße Stücke schneiden. In eine große Porzellanschüssel geben. 1 Stange Sellerie putzen, waschen und grob hacken. 1 Karotte, 1 Zwiebel sowie Knoblauch schälen und grob zerkleinern. Die Zitrone vierteln.

- Gemüse und Zitronenviertel zum Fleisch geben. Salbeiblätter, Rosmarin, Weinessig und 200 ml Rotwein hinzufügen. Das Ganze vermischen und das Fleisch an einem kühlen Ort 8 Std. oder über Nacht marinieren lassen.

- Das Fleisch aus der Marinade heben und trocken tupfen. Zweite Stange Sellerie, zweite Karotte und zweite Zwiebel putzen bzw. schälen und fein hacken. Das Gemüse aus der Marinade heben und abtropfen lassen.

- In einem großen Topf 4 EL Öl erhitzen. Sowohl das frisch geschnittene als auch das Gemüse aus der Marinade etwa 10 Min. darin anschwitzen.

- Das Fleisch hinzufügen und rundum anbraten. Mit Salz würzen. Mit dem restlichen Rotwein ablöschen und den Alkohol einkochen lassen.

- Wacholderbeeren, Lorbeerblätter, Chilipulver und Fleischbrühe in den Topf geben. Einmal aufkochen lassen und anschließend bei niedriger Hitze zugedeckt etwa 2 Std. köcheln lassen. Dabei gelegentlich umrühren.

- Lorbeerblätter und Wacholderbeeren entfernen. Das Gulasch heiß servieren. Polenta dazu reichen.

Wein:
»Capatosta« - Morellino di Scansano DOCG Riserva - Poggio Argentiera, Grosseto

Fegatelli di maiale all'aretina con fagioli zolfini

Schweineleber mit Zolfini-Bohnen

Zutaten für 4 Personen:

Für die Bohnen

- *300 g getrocknete, weiße Bohnen (z.B. Zolfini-Bohnen)*
- *1 Prise Natronpulver*
- *6 Knoblauchzehen*
- *6 Salbeiblätter*
- *Salz*
- *Pfeffer*
- *4 EL kalt gepresstes Olivenöl*

Für die Leber

- *1 EL gemahlene Fenchelsamen*
- *1 EL Semmelbrösel*
- *150 g Schweinenetz*
- *400 g Schweineleber*
- *50 g durchwachsener Speck*
- *8 Lorbeerblätter*

Außerdem

- *2 Holzspieße*

- Die Bohnen über Nacht in kaltem Wasser, das zuvor mit dem Natronpulver vermischt wurde, einweichen.

- Am nächsten Tag abgießen und kalt abspülen. In einen Topf füllen. 4 Knoblauchzehen schälen und gemeinsam mit 4 Salbeiblättern untermischen. Die Bohnen mit kaltem Wasser bedecken und in etwa 1 Std. weich garen. Abseihen, salzen und pfeffern. Beiseite stellen und die Leber zubereiten.

- Salz, Pfeffer, Fenchelsamen und Semmelbrösel in einer kleinen Schüssel gut miteinander vermischen.

- Das Schweinenetz 10–15 Min. in lauwarmem Wasser einweichen. Auf einem sauberen Küchentuch ausbreiten und trocknen lassen. In 8 rechteckige, etwa 10 cm große Stücke schneiden und mit der Gewürzmischung einreiben.

- Die Schweineleber von Haut und Äderchen befreien, dann ebenfalls in 8 Teile schneiden. Mit der Gewürzmischung einreiben.

- Den Backofen auf 140 °C vorheizen.

>>>

- Den Speck in 8 Stücke schneiden. Die Leberstücke jeweils mit Schweinenetz umwickeln. Je 4 Stück abwechselnd mit Speck und Lorbeerblättern auf einen Holzspieß stecken.

- Die Spieße in eine große, feuerfeste Form legen und die Leber 12–15 Min. im Backofen garen.

- Restliche Knoblauchzehen schälen. 2 EL Öl in einer Pfanne erhitzen. Knoblauch sowie restliche Salbeiblätter darin anschwitzen. Die Bohnen dazugeben und 5 Min. im Öl anschwitzen.

- Die Bohnen mithilfe eines Servierrings auf 4 vorgewärmte Teller setzen. Die Leberstücke von den Spießen ziehen, jeweils vom Netz befreien und rund um die Bohnen legen. Jede Portion mit etwas Olivenöl beträufeln.

- Sofort servieren.

Wein:
»Chianti Colli Aretini« - Chianti Colli Aretini DOCG - Azienda agricola Villa Cilnia, Montoncello (Arezzo)

Zuppa di pollo del Tarlati

Hühnersuppe Tarlati

Zutaten für 4 Personen:
- *1 küchenfertiges Bio-Huhn (ca. 800 g)*
- *1 Knoblauchzehe*
- *2 Zwiebeln*
- *3 Nelken*
- *2 Karotten*
- *1 ½ Stangen Sellerie*
- *5 schwarze Pfefferkörner*
- *2,5 l Kalbsbrühe*
- *80 g Butter*
- *2 EL kalt gepresstes Olivenöl*
- *200 ml trockener Weißwein*
- *altbackenes Toskanabrot*

- Das Huhn sorgfältig innen und außen waschen, dann trocken tupfen. Knoblauch sowie 1 Zwiebel abziehen. Die Nelken in die Zwiebel drücken. 1 Karotte schälen, 1 Stange Sellerie waschen, putzen und beides würfeln. Gemeinsam mit den Pfefferkörnern in einen Baumwollbeutel oder ein Kräutersäckchen geben. Das Huhn mit Knoblauch, der Zwiebel und dem Baumwollbeutel füllen und in einen großen Topf legen.

- Mit der Kalbsbrühe übergießen und das Ganze langsam zum Kochen bringen. Anschließend halb zugedeckt bei niedriger Hitze etwa 1 Std. garen, bis sich das Fleisch von den Knochen löst. Zwischendurch den Schaum an der Oberfläche abschöpfen.

- Das Huhn herausnehmen. Abkühlen lassen. Dann Haut sowie Füllung entfernen und die Hühnerbrust ablösen. Die Brust in einen verschließbaren Behälter geben und mit Brühe bedecken, damit das Fleisch nicht austrocknet. Den Behälter verschließen.

- Das restliche Fleisch von den Knochen lösen. In grobe Stücke schneiden und gemeinsam mit etwas Brühe in einem Mixer pürieren. Erneut etwas Brühe und 1 EL Butter hinzufügen. Kräftig durchmixen, bis eine cremige Masse entsteht. Mit Salz abschmecken.

>>>

- Restliche Zwiebel und restliche Karotte schälen und fein würfeln. ½ Stange Sellerie putzen, waschen und ebenfalls fein würfeln.

- Olivenöl und 1 EL Butter in einer Pfanne erhitzen. Das Gemüse darin anschwitzen. Die Hühnerbrust in feine Würfel schneiden. Die Hälfte davon in die Pfanne geben und kurz anbraten. Mit Wein ablöschen, den Alkohol verkochen lassen und das Ganze mit Salz und Pfeffer würzen.

- Die restliche Brühe durch ein mit einem Tuch ausgelegtes Sieb in einen Topf abseihen. Das pürierte Hühnerfleisch und die restliche gewürfelte Hühnerbrust hinzugeben.

- Erhitzen und zum Kochen bringen. Dann die Hitze verringern und die Suppe erneut 15 Min. köcheln lassen. Die Fleisch-Gemüse-Mischung aus der Pfanne einrühren.

- Das Brot entrinden und in Würfel schneiden. Restliche Butter in einer Pfanne erhitzen und die Brotwürfel darin goldbraun rösten.

- Die Suppe auf 4 Schalen verteilen. Jeweils mit gerösteten Brotwürfeln bestreuen.

Wein:
»Capriforno« - Chianti Colli Senesi DOC - Podere La Marronaia, San Gimignano (Siena)

Stinco di maiale in porchetta con le pulezze

Schweinshaxe mit Kohlrüben

Zutaten für 4 Personen:
- *80 g Bauchspeck*
- *6 Knoblauchzehen*
- *1 TL schwarze Pfefferkörner*
- *1 EL Fenchelsamen (vom wilden Fenchel)*
- *2 Schweinshaxen (à ca. 800 g)*
- *Salz*
- *Pfeffer*
- *3 EL kalt gepresstes Olivenöl*
- *500 ml Malzbier (möglichst Dinkelbier)*
- *800 g Kohlrüben*
- *1 Pfefferschote*

Hinweis:
Die im Originalrezept genannten »pulezze« sind junge Rapsspitzen, die in der Toskana gerne als Gemüse zubereitet werden. In unseren Breiten sind Rapsspitzen nur schwer erhältlich, deshalb werden hier ersatzweise Kohlrüben verwendet, Sie können aber genauso gut eine andere Kohlart oder Sauerkraut zu den Schweinshaxen servieren.

- Den Speck in Würfel schneiden. 4 Knoblauchzehen schälen und fein hacken. Die Pfefferkörner in einem Mörser zerstoßen. Dann Fenchelsamen, Speck und Knoblauch unterarbeiten.

- Den Backofen auf 180 °C vorheizen.

- Die Schweinshaxen mit Salz und Pfeffer einreiben. Der Länge nach einschneiden, so dass sich Taschen bilden. Die Taschen mit der Würzpaste füllen. Die Schwarte rautenförmig einschneiden und mit Würzpaste einreiben.

- 1 EL Öl in einem großen Bräter erhitzen. Die Schweinshaxen darin von allen Seiten anbräunen. Mit Bier ablöschen. Den Alkohol einige Minuten verkochen lassen. Die Haxen auf ein Backblech legen und mit der Bratflüssigkeit übergießen. Etwa 2 Std. im Ofen braten. Das Fleisch zwischendurch mit Bratflüssigkeit übergießen.

- Die restlichen Knoblauchzehen schälen und durch eine Knoblauchpresse drücken. Die Kohlrüben putzen, schälen und in mittelgroße Stücke schneiden.

- Den Bräter, in dem die Haxen angebraten wurden, erneut erhitzen. Restliches Öl darin heiß werden lassen. Knoblauch und Pfefferschote darin anschwitzen. Kohlrüben zufügen und unter Rühren anbraten. 100 ml Wasser zugeben und das Gemüse zugedeckt in etwa 20 Min. weich garen. Anschließend mit Salz würzen.

- Die Schweinshaxen halbieren. Jeweils eine Hälfte auf einen vorgewärmten Teller legen und mit Bratensauce übergießen. Das Kohlgemüse dazu reichen.

Wein:
»Vino Nobile di Montepulciano« - Vino Nobile di Montepulciano DOCG - Azienda agricola La Ciarliana, Gracciano, Montepulciano (Siena)

156
Hauptspeisen

Tartare di chianina

Tatar vom Chianina-Rind

Zutaten für 6 Personen:

Für die Garnitur

- *1 große Zucchini*
- *1 EL kalt gepresstes Olivenöl*
- *Salz*
- *Pfeffer*

Für das Tatar

- *950 g Filet vom Chianina-Rind (oder Hochlandrind)*
- *2 EL in Salz eingelegte Kapern*
- *2 Frühlingszwiebeln*
- *2 EL Zitronensaft*
- *4 EL Brandy oder Cognac*
- *4 EL kalt gepresstes Olivenöl*
- *2 EL frisch gehackte Petersilie*
- *Senf oder Worcestershiresauce*
- *6 frische Eigelb*

Tipp:

Rinderfilet für Tatar sollte sehr zart und von allerbester Qualität sein, lassen Sie sich im Fleischfachhandel beraten, sofern Sie kein Chianina-Rind erhalten. Das Hacken von Hand ist wichtig, bitte das Fleisch nicht durch den Fleischwolf drehen oder im Mixer zerkleinern, das zerstört die Fleischstruktur und beeinträchtigt den Geschmack.

- Die Zucchini waschen, vom Stielansatz befreien und in feine Würfel schneiden. Öl in einer Pfanne erhitzen und die Zucchiniwürfel darin etwa 3 Min. andünsten. Mit Salz sowie Pfeffer würzen und beiseite stellen.

- Das Rinderfilet mit einem scharfen Messer fein hacken und die Masse in eine große Schüssel geben.

- Die Kapern in Wasser einlegen, unter fließendem Wasser abspülen und fein hacken. Die Frühlingszwiebeln putzen und ebenfalls fein hacken.

- Das Fleisch salzen und pfeffern. Zitronensaft, Brandy oder Cognac sowie Olivenöl untermengen. Dann Frühlingszwiebeln, Kapern sowie Petersilie untermischen. Mit Senf oder Worcestershiresauce abschmecken.

- Das Tatar in 6 Portionen teilen. Jede Portion mithilfe eines Servierrings (8 cm Durchmesser) als Törtchen auf einen Teller setzen. Mit einem Teelöffel eine Vertiefung eindrücken und jeweils 1 Eigelb hineingleiten lassen.

- Den Servierring jeweils oben ansetzen und jedes Tatar-Törtchen mit einer Schicht Zucchiniwürfel versehen. Sofort servieren.

Wein:

»Le Difese« - Toscana IGT Rosso - Tenuta San Guido, Bolgheri, Castagneto Carducci (Livorno)

Filetto di maiale ubriaco con castagne su letto di cavolella

Schweinefilet mit Kastanien und Kohl

Zutaten für 4 Personen:
- 1 l kräftiger Rotwein (z.B. Bolgheri)
- 100 g Akazienhonig
- 20 Esskastanien
- 2 EL Butter
- 2 frische Lorbeerblätter
- schwarzer Pfeffer aus der Mühle
- Salz
- 600 ml Gemüsebrühe
- 2 ganze Schweinefilets (à ca. 800 g)
- 1 Rosmarinzweig
- 2 Schalotten
- 2 EL kalt gepresstes Olivenöl
- 2 TL Mehl
- ½ Wirsing
- 120 g Sahne
- abgeriebene Schale von 1 unbehandelten Orange

- Rotwein und Honig in einem Topf verrühren. Erhitzen und die Flüssigkeit auf ein Drittel einkochen lassen.

- Die Kastanien schälen und 5 Min. in kochendem Wasser garen. Abseihen, auf ein sauberes Küchentuch legen und die Haut abreiben.

- 2 TL Butter in einer Pfanne erhitzen. Lorbeerblätter, Kastanien und eine kräftige Prise schwarzen Pfeffer hinzufügen. Kurz anschwitzen und leicht salzen. 100 ml Gemüsebrühe angießen und ca. 10 Min. köcheln lassen. Beiseite stellen.

- Die Schweinefilets parieren, d.h. von Häuten, Fett und Sehnen befreien. Jeweils die Filetspitzen abschneiden und aufbewahren. Die Nadeln vom Rosmarin abzupfen und fein hacken. Die Schweinefilets mit Rosmarin, Salz und Pfeffer einreiben.

- Die Schalotten abziehen und fein schneiden. In einer großen Pfanne 2 EL Öl erhitzen und die Schalotten darin anschwitzen. Die Schweinefilets mit Mehl bestäuben, zu den Schalotten geben und rundum anbräunen. Anschließend auf ein Backblech legen.

- Den Backofen auf 200 °C vorheizen.

- Die Filetspitzen in die Pfanne mit den Schalotten geben. Bei kräftiger Hitze goldbraun braten, dann herausnehmen. 1 TL Mehl in die Pfanne sieben, goldgelb anschwitzen und gut mit dem Fett verrühren, damit sich keine Klümpchen bilden. Restliche Brühe angießen und das Ganze gute 5 Min. köcheln lassen. Dann durch ein feines Sieb in einen Topf abseihen.

>>>

- Reduzierten Wein zufügen, die Flüssigkeit erhitzen, aufkochen lassen und mit Salz abschmecken – die Sauce sollte weder zu salzig noch zu süß sein. Warm halten. Die Filetspitzen fein würfeln und in die Sauce legen.

- Die Schweinefilets im Backofen 15–18 Min. garen, das Fleisch sollte innen noch rosa sein. Herausnehmen und 2 Min. auf einem Schneidbrett ruhen lassen. Anschließend in Medaillons schneiden und diese auf Küchenpapier abtropfen lassen.

- Während das Fleisch im Ofen gart, den Wirsing putzen, waschen und fein schneiden. 5 Min. in kochendem Wasser blanchieren. Abseihen und abtropfen lassen.

- Restliche Butter in einer Pfanne erhitzen. Den Wirsing darin anschwitzen. Mit Salz und Pfeffer würzen. Die Sahne dazugeben und leicht einkochen lassen.

- Kastanien mitsamt Brühe nochmals kurz erhitzen. Die Lorbeerblätter entfernen.

- Das Wirsinggemüse jeweils als Bett auf 4 vorgewärmte Teller verteilen. Pro Person 2 bis 3 Medaillons darauflegen und jeweils mit Sauce überziehen. Kastanien darum herum arrangieren. Jede Portion mit abgeriebener Orangenschale bestreuen und umgehend servieren.

Wein:
»Lodai« - Maremma Toscana IGT Rosso - Società agricola Fertuna, Gavorrano (Grosseto)

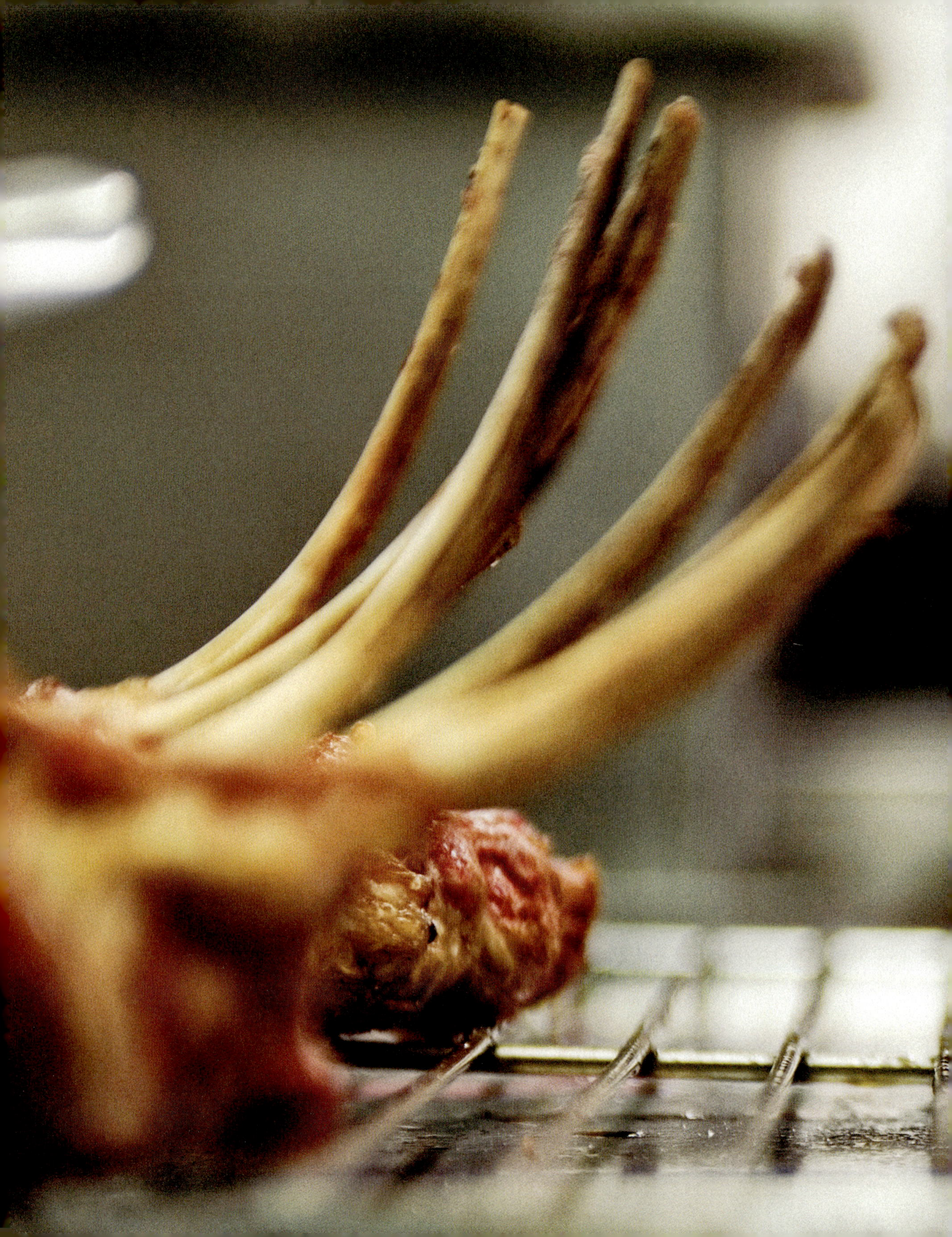

Costine d'agnello con pecorino filante su letto di cipolle rosse

Lammkotelett mit Pecorino und roten Zwiebeln

Zutaten für 4 Personen:
- *8 Lammkoteletts à ca. 100 g*
- *Salz*
- *Pfeffer*
- *1 Zweig Petersilie*
- *1 Zweig Zitronenthymian*
- *1 Zweig Rosmarin*
- *1 Knoblauchzehe*
- *1 EL Semmelbrösel*
- *2 rote Zwiebeln*
- *1 TL Kapern (aus dem Glas)*
- *4 EL kalt gepresstes Olivenöl*
- *2 EL schwarze Oliven in Salzlake*
- *100–200 ml Gemüsebrühe*
- *8 getrocknete, in Öl eingelegte Tomaten*
- *40 g Pinienkerne*
- *8 Scheiben Pecorino*

- Die Koteletts salzen und pfeffern. Den Backofen auf 180 °C vorheizen.

- Die Kräuter waschen und trocken tupfen. Jeweils die Blätter bzw. Nadeln abzupfen und fein hacken. Die Knoblauchzehe schälen und fein schneiden. Kräuter, Knoblauch und Semmelbrösel vermischen. Die Koteletts in der Mischung wenden und die Panade leicht andrücken.

- Die roten Zwiebeln abziehen und in feine Ringe schneiden. Die Kapern abtropfen lassen und fein hacken.

- 2 EL Öl in einer Pfanne erhitzen und die Koteletts 5 Min. darin anbraten. Anschließend in einen Bräter legen und ca. 25 Min. im Backofen garen. Die Oliven in eine feuerfeste Schale legen, ebenfalls in den Ofen stellen und 5 Min. rösten.

- Die Zwiebeln in die Pfanne geben, in der zuvor die Koteletts angebraten wurden, und anschwitzen. Mit Salz und Pfeffer würzen, 100 ml Brühe sowie die Kapern zufügen. 5 Min. köcheln lassen, eventuell noch etwas Brühe zugeben. Die getrockneten Tomaten in feine Streifen schneiden. Gemeinsam mit den Pinienkernen und schwarzen Oliven zu den Zwiebeln geben.

- 5 Min. vor Ende der Garzeit des Fleisches jedes Kotelett mit 1 Scheibe Käse belegen und diesen im Ofen schmelzen lassen.

- Das Zwiebelgemüse jeweils als Bett auf 4 vorgewärmte Teller verteilen. Pro Person 2 Koteletts darauflegen und jeweils mit Sauce aus dem Bräter sowie mit Olivenöl beträufeln.

Wein:

»Il Bosco« - Cortona DOC Syrah - Tenimenti Luigi d'Alessandro, Cortona (Arezzo)

Peposo alla fornacina

Rindertopf mit Rotwein

Zutaten für 4 Personen:
- *800 g Rindfleisch aus der Schulter*
- *Salz*
- *10 Knoblauchzehen*
- *1 gestrichener EL schwarze Pfefferkörner*
- *2 Gewürznelken*
- *1 Rosmarinzweig*
- *1 Salbeizweig*
- *1 l Rotwein (z.B. Sangiovese)*
- *500 ml Rinderbrühe oder -fond*
- *1 EL Maisstärke*

- Den Backofen auf 180 °C vorheizen.

- Das Fleisch von Haut, Fett sowie Sehnen befreien und in 4 cm große Würfel schneiden. In einen feuerfesten, verschließbaren Schmortopf legen und salzen.

- Die Knoblauchzehen schälen und leicht zerdrücken. Gemeinsam mit Pfefferkörnern, Gewürznelken, Rosmarin und Salbei zum Fleisch geben.

- Den Rotwein angießen, den Topf mit einem Deckel verschließen und das Fleisch etwa 3 Std. im Backofen garen.

- Hin und wieder kontrollieren, ob noch ausreichend Flüssigkeit vorhanden ist und eventuell mit etwas Rinderbrühe oder -fond aufgießen. Das Fleisch dabei nicht wenden.

- Das Fleisch sollte nach Ende der Garzeit sehr weich sein. Mit einem Schaumlöffel herausheben und die Sauce durch ein feines Sieb abseihen. Wieder in den Topf füllen, erhitzen und die Maisstärke mit einem Schneebesen einrühren. Kurz köcheln lassen. Dann das Fleisch wieder einlegen, erwärmen und das Ganze heiß servieren.

- Dazu passt frisches Weißbrot oder Polenta.

Wein:
»Morellino di Scansano Riserva« - Morellino di Scansano DOC Riserva - Cantine Moris, Massa Marittima (Grosseto)

Cacciucco alla livornese

Fischeintopf nach Livorneser Art

Zutaten für 4 Personen:
- *600 g ganze Fische (roter Knurrhahn, roter Drachenkopf, schwarzer Drachenkopf, Ringelbrasse, Petermännchen, Mönchsfisch)*
- *700 g Fischfilets mit Haut (Meerbarbe, Seehecht)*
- *6 Heuschreckenkrebse*
- *1 kg Meeresfrüchte (Kaisergranate, Tintenfische, Langusten)*
- *1 Stange Sellerie*
- *1 Zwiebel*
- *1 Karotte*
- *2 Knoblauchzehen*
- *3 EL kalt gepresstes Olivenöl*
- *3 EL frisch gehackte Petersilie*
- *1 Prise Chilipulver*
- *100 ml Rotwein*
- *500 g vollreife, gewürfelte Tomaten oder geschälte Tomaten aus der Dose*
- *Salz*

- Die ganzen Fische entschuppen, ausnehmen, von großen Gräten, Kopf, Schwanz und Flossen befreien. Die Fischfilets entgräten und in mittelgroße Stücke schneiden. Heuschreckenkrebse und Meeresfrüchte gründlich waschen.

- Sellerie putzen, waschen und grob hacken. Zwiebel, Karotte sowie Knoblauchzehen schälen und grob würfeln. Das Öl in einer großen Pfanne erhitzen und das Gemüse darin anschwitzen. Petersilie, Chili, Meeresfrüchte und Heuschreckenkrebse hinzufügen. Kurz anbraten. Mit Rotwein ablöschen und das Ganze 10 Min. köcheln lassen.

- Meeresfrüchte und Krebse aus der Pfanne heben, beiseite stellen. Die ganzen Fische und die Tomaten in die Pfanne geben. Salzen und 15. Min. köcheln lassen.

- Die Fische herausnehmen. Das Fischfleisch entgräten und fein pürieren.

>>>

Hinweis:
Selbstverständlich können Sie die ganzen Fische auch vom Händler entschuppen und ausnehmen lassen. Sie sollten nur möglichst frisch sein.

- Das Püree wieder in die Pfanne geben und etwas Wasser zufügen. Gut verrühren. Die Fischfilets einlegen und das Ganze weitere 20 Min. köcheln lassen.

- Meeresfrüchte und Krebse wieder in die Pfanne geben. Den Fischtopf nochmals 15 Min. garen. Eventuell erneut etwas Wasser hinzufügen.

- Den Fischtopf heiß servieren. Frisch geröstetes, mit Knoblauch eingeriebenes Weißbrot dazu reichen.

Wein:
»Achenio« - Bolgheri DOC Bianco - Azienda Vinicola Campo alla Sughera, Bolgheri, Castagneto Carducci (Livorno)

Triglie alla livornese

Rotbarben nach Livorneser Art

Zutaten für 4 Personen:

- ***12 küchenfertige Rotbarben à 100–150 g***
- ***1 Bund Petersilie***
- ***2 Knoblauchzehen***
- ***4 EL kalt gepresstes Olivenöl***
- ***500 g gewürfelte Tomaten (aus der Dose)***
- ***Salz***
- ***Pfeffer***

Tipp:
Rotbarben gelten als die besten unter den Meerbarben und haben einen sehr delikaten Geschmack. In unseren Breiten werden sie nicht häufig frisch verkauft, greifen Sie unbedingt zu, wenn Ihr Händler Rotbarben anbietet. Achten Sie beim Kauf darauf, dass die Fische eine glatte Haut, klare, glänzende Augen sowie hellrote bis braunrote, feuchte Kiemen, festsitzende Schuppen sowie festes Fleisch haben, das nicht nachgibt, wenn man mit dem Daumen dagegendrückt.

- Die Rotbarben gründlich waschen und trocken tupfen.
- Die Petersilie waschen, trocken tupfen, die Blätter von den Stielen zupfen und fein hacken. 2 EL Petersilie abnehmen.
- Den Knoblauch abziehen und in feine Scheiben schneiden.
- In einer großen Pfanne oder einem großen, flachen Topf das Olivenöl erhitzen. Den Knoblauch darin goldgelb anschwitzen. Petersilie zufügen und ebenfalls anschwitzen.
- Die Tomaten einrühren, mit Salz sowie Pfeffer würzen und das Ganze etwa 20 Min. offen leise köcheln lassen.
- Anschließend die Rotbarben einlegen. Die Fische bei mittlerer Hitze zugedeckt ca. 10 Min. garen. Dabei möglichst nicht wenden.
- Pro Person 3 Rotbarben auf 1 vorgewärmten Teller legen. Jeweils mit Tomatensauce überziehen, mit Petersilie bestreuen und sofort servieren.

Variation: Die Fische salzen, in Mehl wenden und in heißem Öl pro Seite ca. 2 Min. anbraten. Danach in die Tomatensauce legen und wie oben beschrieben nochmals 10. Min. garen.

Wein:
»Bianco di Malvagia« - Toscana IGT Bianco - Azienda agricola Dievole, Vagliagli (Siena)

Verdure e contorni
Gemüse und Beilagen

176
Gemüse und Beilagen

Zucchine in umido

Zucchinigemüse

Zutaten für 6 Personen:
- *600 g Zucchini*
- *1 kleine, rote Zwiebel*
- *1 Karotte*
- *2 Knoblauchzehen*
- *1 Stange Sellerie*
- *2 vollreife Tomaten oder 100 g passierte Tomaten (aus der Flasche)*
- *Salz*
- *Pfeffer*
- *5–6 Basilikumblätter*
- *1 EL frisch gehackte Petersilie*
- *5 EL kalt gepresstes Olivenöl*

Tipp:
Zucchini stammen ursprünglich aus Südamerika und werden heute hauptsächlich in Südeuropa kultiviert. Als Importware sind sie das ganze Jahr über erhältlich, von Anfang Juli bis Oktober kommen sie aus heimischer Erzeugung auf den Markt – dann sind sie am besten. Bereiten Sie dieses Rezept also möglichst im Sommer oder im Herbst zu. Das Zucchinigemüse schmeckt auch lauwarm oder kalt und eignet sich hervorragend für einen Grillabend.

- Die Zucchini waschen, putzen und in 1 cm dicke Scheiben schneiden. In einen großen Topf geben.
- Zwiebel, Karotte sowie Knoblauch schälen und grob hacken. Stangensellerie putzen, waschen und in grobe Stücke schneiden. Tomaten waschen, vom Stielansatz befreien und grob würfeln.
- Die genannten Gemüsesorten zu den Zucchini geben. Mit Salz und Pfeffer würzen. Basilikum, Petersilie, 100 ml Wasser sowie das Olivenöl zufügen.
- Alles gut durchmischen, den Topf mit einem Deckel verschließen und das Gemüse bei mittlerer Hitze 20 bis 30 Min. garen.
- Zwischendurch prüfen, ob noch ausreichend Flüssigkeit im Topf ist, gegebenenfalls erneut etwas Wasser unterrühren.
- Das Zucchinigemüse nochmals mit Salz und Pfeffer abschmecken und heiß servieren.
- Passt als Beilage zu Fleisch- und Fischgerichten oder zu frisch zubereiteter Polenta.

Wein:
»Colli di Luni Vermentino« - Colli di Luni DOC - Azienda agricola Terenzuola, Fosdinovo (Massa Carrara)

Insalatina di carciofi in cestino di parmigiano

Artischockensalat im Parmesankörbchen

Zutaten für 6 Personen:
- *3 frische Artischocken*
- *Saft von 2 Zitronen*
- *2 Knoblauchzehen*
- *1 EL frisch gehackte Petersilie*
- *Salz*
- *Pfeffer*
- *kalt gepresstes Olivenöl*
- *120 g geriebener Parmesan Reggiano*
- *4 Scheiben mittelalter Pecorino*

- Von den Artischocken die harten Außenblätter entfernen und von allen anderen Blättern mit einer Küchenschere die Spitzen abschneiden. Die Stiele bis auf einen Rest von ca. 3 cm abschneiden. Die Artischocken halbieren, in feine Streifen schneiden und diese sofort in eine Schüssel mit Wasser und dem Saft einer Zitrone geben, damit sie sich nicht verfärben.

- Den Knoblauch schälen und fein hacken. Die Artischockenstreifen aus dem Wasser heben, abtropfen lassen, sorgfältig trocken tupfen und in eine Schüssel geben.

- Knoblauch, Petersilie, Saft der zweiten Zitrone, Salz, Pfeffer und einen kräftigen Schuss Olivenöl zufügen. Das Ganze gut vermischen und bis zum Servieren in den Kühlschrank stellen.

- Eine beschichtete Pfanne mit einem Durchmesser von 20 cm erhitzen. 2 EL geriebenen Parmesan einstreuen, bei mittlerer Hitze schmelzen lassen. Dabei entstehende Löcher mit weiterem Parmesan füllen.

- Den geschmolzenen Käse mithilfe eines Pfannenwenders in einer kleinen Glasschüssel verstreichen, so dass der Käse die Form eines Körbchens annimmt. Den Vorgang sechsmal wiederholen. Die Körbchen abkühlen lassen.

- Die Pecorinoscheiben fein würfeln. Die Parmesan-Körbchen vorsichtig aus den Glasschüsseln lösen, jeweils mit Artischockensalat füllen und mit Pecorinowürfeln bestreuen.

Wein:
»Gana« - Colline Lucchesi DOC - Terre del Sillabo, Lucca

Carciofi ritti nel tegame

Gedünstete Artischocken

Zutaten für 4 Personen:
- *8 große Artischocken*
- *Saft von 1 Zitrone*
- *2 Knoblauchzehen*
- *100 g durchwachsener Speck*
- *1 Bund Petersilie*
- *Salz*
- *Pfeffer*
- *1 EL geriebener Parmesan*
- *4 EL kalt gepresstes Olivenöl*
- *200 ml heiße Gemüsebrühe*

Tipp:
Artischocken sind nicht nur wohlschmeckend, sondern auch gesund. Sie wirken cholesterinsenkend, entzündungshemmend, fördern die Fettverdauung und die Regeneration der Leber. Haupterntezeit der Artischocken ist von Juni bis Oktober.

Wein:
»Vernaccia di San Gimignano« - Vernaccia di San Gimignano DOCG - Tenute Niccolai, San Gimignano (Siena)

- Von den Artischocken die harten Außenblätter entfernen und von allen anderen Blättern mit einer Küchenschere die Spitzen abschneiden. Die Stiele bis auf einen Rest von ca. 3 cm abschneiden. Die abgeschnittenen Stiele aufbewahren. Die Artischocken waschen und sofort in eine Schüssel mit kaltem Wasser und dem Zitronensaft legen.

- Die abgeschnittenen Stiele schälen und ein Drittel davon klein schneiden. Den Knoblauch schälen und fein hacken. Den Speck würfeln. Die Petersilie waschen, trocken schütteln, die Blätter von den Stielen zupfen und fein hacken. Zerkleinerte Artischockenstiele, Knoblauch, Speck, Petersilie, eine Prise Salz, Pfeffer und Parmesan miteinander vermengen.

- Die ganzen Artischocken aus dem Wasser heben, abtrocknen und mehrmals gegen eine glatte, feste Unterlage klopfen, damit sich die Blätter auseinanderdrücken lassen. Das »Heu« im Inneren der Artischocken mit einem Löffel entfernen. Die Füllung in die Artischocken verteilen und die Blätter wieder etwas zusammendrücken.

- Die Artischocken dicht aneinander mit den Stielen nach oben in einen Bräter setzen. Die restlichen Stiele dazugeben. Das Gemüse mit dem Öl beträufeln, erhitzen und 5–6 Min. anbraten.

- Mit einem Schöpflöffel Gemüsebrühe aufgießen, den Bräter mit einem Deckel verschließen und die Artischocken 30–40 Min. bei milder Hitze garen, bis sie weich sind. Eventuell noch etwas Gemüsebrühe hinzufügen.

- In jedes Artischockenherz einen langen Holzspieß stecken und das Gemüse warm servieren.

181

Gemüse und Beilagen

Fagioli all'uccelletto

Weiße Bohnen mit Salbei in Tomatensauce

Zutaten für 4 Personen:

- ***400 g getrocknete, weiße Bohnen (Cannellini)***
- ***2 Knoblauchzehen***
- ***2 Salbeizweige***
- ***250 g vollreife Tomaten oder geschälte Tomaten aus der Dose***
- ***5 EL kalt gepresstes Olivenöl***
- ***Salz***
- ***Pfeffer***

- Die Bohnen am Vortag in kaltem Wasser einweichen. Am nächsten Tag abgießen, kalt abspülen und in einem Topf mit frischem, kaltem Wasser bedecken. Zum Kochen bringen und die Bohnen halb zugedeckt ca. 30 Min. garen. Anschließend abgießen.

- Den Knoblauch schälen und in Scheiben schneiden. Die Salbeiblätter von den Stielen zupfen. Die Tomaten oben über Kreuz einritzen, auf einem Schaumlöffel einzeln 10 Sek. in kochendes Wasser tauchen und enthäuten. Das Fruchtfleisch würfeln.

- Das Öl in einem Topf erhitzen und Knoblauch sowie Salbei darin kurz anschwitzen. Die Tomaten zufügen (geschälte Tomaten zuvor mit einer Gabel leicht zerdrücken).

- Das Ganze offen etwa 20 Min. köcheln lassen. Dann die Bohnen untermischen.

- Mit Salz und Pfeffer würzen. Den Topf mit einem Deckel verschließen und alles weitere 15 Min. garen.

- Die Bohnen warm servieren. Sie passen gut zu Fleischgerichten.

Wein:

»Le Volte dell'Ornellaia« - Toscana IGT Rosso - Tenuta dell'Ornellaia, Bolgheri, Castagneto Carducci (Livorno)

Fagioli zolfini all' »olio novo« con salvia fritta

Zolfini-Bohnen mit geröstetem Salbei

Zutaten für 6 Personen:

Für die Bohnen

- *400 g getrocknete, weiße Bohnen (Zolfini oder andere weiße, getrocknete Bohnen)*
- *Salz*
- *3 Knoblauchzehen*
- *4–5 Salbeiblätter*
- *kalt gepresstes Olivenöl*
- *Pfeffer*
- *junges*, kalt gepresstes Olivenöl*

Für die frittierten Salbeiblätter

- *12 große Salbeiblätter*
- *etwas Mehl*
- *kalt gepresstes Olivenöl*

Zubereitung der Bohnen

- Die Bohnen sorgfältig waschen und 1 Std. in kaltem Wasser einweichen.

- Den Knoblauch schälen. Die Bohnen in einen Tontopf oder in einen Eisentopf mit dickem Boden geben, 2 l kaltes Wasser hinzugießen, salzen, Knoblauchzehen, die Salbeiblätter und einige Esslöffel Olivenöl unterrühren.

- Den Topf mit einem Deckel verschließen, erhitzen und die Bohnen etwa 2 Std. simmern, aber nicht kochen lassen.

- Kurz vor dem Servieren mit Salz und Pfeffer abschmecken und mit jungem Olivenöl beträufeln.

Zubereitung der frittierten Salbeiblätter

- Die Salbeiblätter waschen und noch feucht in Mehl wenden.

- In einer Pfanne reichlich Öl erhitzen. Die Blätter einige Min. darin frittieren. Auf Küchenpapier legen und abtropfen lassen. Leicht salzen.

- Die Bohnen auf 6 Schalen verteilen. Jeweils mit frittierten Salbeiblättern garnieren.

*Junges Olivenöl bezeichnet das Ende Oktober bis Anfang November frisch gepresste Öl.

Wein:

»Chianti Classico« - Chianti Classico DOCG - Tenuta Ormanni, Poggibonsi (Siena)

Sformato di verdure di stagione con salsa agli spinaci

Gemüseauflauf mit Spinatsauce

Zutaten für 6 Personen:

Für den Auflauf

- *1 kg Gemüse der Saison (z.B. Auberginen und Zucchini)*
- *3 Knoblauchzehen*
- *3 EL kalt gepresstes Olivenöl*
- *40 g Butter*
- *Salz*
- *Pfeffer*
- *2 Eier*
- *100 g geriebener Parmesan*
- *Butter für die Form*
- *100 g Semmelbrösel*

Für die Béchamelsauce

- *2 EL Butter*
- *2 EL Mehl*
- *250 ml Milch*
- *frisch geriebene Muskatnuss*

Zubereitung des Auflaufs

- Das Gemüse waschen, putzen und grob zerkleinern. In einem Topf in etwas Wasser bissfest garen.

- Das Gemüse abseihen und entweder mit einer Gabel zerdrücken oder im Mixer pürieren.

- Für die Béchamelsauce die Butter in einem Topf erhitzen. Das Mehl dazusieben und unter Rühren mit einem Schneebesen in 2–3 Min. goldgelb anschwitzen. Nach und nach die Milch zugießen. Dabei kräftig rühren, damit sich keine Klümpchen bilden. Einmal aufkochen lassen und die Sauce mit Salz, Pfeffer und Muskatnuss würzen. Bei schwacher Hitze 8–10 Min. köcheln lassen.

- Den Backofen auf 180 °C vorheizen.

- Den Knoblauch schälen und fein hacken. Öl und Butter in einer Pfanne erhitzen und den Knoblauch darin anschwitzen. Das Gemüse hinzufügen, mit Salz und Pfeffer würzen und bei mittlerer Hitze einige Min. andünsten.

- Die Pfanne mit dem Gemüse vom Herd nehmen. Béchamelsauce, Eier und Parmesan untermengen.

- Eine große Auflaufform oder 6 kleine Förmchen mit Butter ausstreichen und mit Semmelbröseln ausstreuen. Die Gemüsemischung einfüllen und das Ganze in den Ofen stellen. Der Auflauf in einer großen Form benötigt etwa 40 Min. Garzeit, der in kleinen Förmchen ca. 25 Min.

- Anschließend 10–15 Min. ruhen lassen. Währenddessen die Spinatsauce zubereiten.

>>>

Für die Spinatsauce
- ***500 g frischer Spinat***
- ***1 Knoblauchzehe***
- ***1 EL kalt gepresstes Olivenöl***
- ***ca. 150 ml warme Milch***

Zubereitung der Spinatsauce

- Den Spinat sorgfältig waschen. In einen Topf geben, 100 ml Wasser zufügen und den Spinat zugedeckt in ca. 5 Min. zusammenfallen lassen.

- Abseihen und dabei das Kochwasser auffangen.

- Den Knoblauch schälen. Das Öl in einer Pfanne erhitzen und den Knoblauch darin anbräunen. Den Spinat hinzufügen, salzen und pfeffern, umrühren und bei niedriger Hitze zugedeckt 10 Min. köcheln lassen. Sollte der Spinat zu trocken werden, etwas Kochwasser zugeben.

- Den Knoblauch entfernen und den Spinat unter Zugabe der warmen Milch pürieren. Es sollte eine cremige Sauce entstehen. Mit Salz abschmecken.

- Die Spinatsauce auf 6 vorgewärmte Teller verteilen. Jeweils 1 Portion Gemüseauflauf darauflegen.

Wein:
»Lenaia« - Toscana IGT - Fattoria Casa di Terra, Bolgheri, Castagneto Carducci (Livorno)

192

Gemüse und Beilagen

Trippa finta del pastore

Falsche Kutteln nach Hirtenart

Zutaten für 4 Personen:
- *400 g Käserinde von Pecorino oder Parmesan*
- *500 ml Gemüsebrühe*
- *2 mittelgroße Zwiebeln*
- *3 EL kalt gepresstes Olivenöl*
- *Salz*
- *1 Prise Chilipulver*
- *200 ml trockener Weißwein*
- *500 g geschälte Tomaten (aus der Dose)*
- *2 EL frisch gehackte Petersilie*
- *Pfeffer aus der Mühle*

- Die Käserinde mit einem Messer abschaben und kurz waschen. Gemüsebrühe erhitzen und die Käserinde darin 1 Std. lang kochen.

- Die Zwiebeln schälen und in ½ cm dicke Scheiben schneiden. 2 EL Öl in einer Pfanne erhitzen. Die Zwiebelscheiben darin goldgelb anschwitzen. Leicht salzen, mit Chili würzen und mit Weißwein ablöschen.

- Die geschälten Tomaten hinzufügen und das Ganze etwa 20 Min. zugedeckt köcheln lassen. Die Hälfte der Petersilie unterrühren und die Sauce mit Salz sowie Pfeffer abschmecken.

- Sobald die Käserinde etwas aufgequollen und weich ist, abseihen und der Länge nach in 1 cm dicke Streifen schneiden.

- Die Sauce auf 4 tiefe Teller verteilen. Jeweils Käserindenstreifen darauflegen. Mit Pfeffer übermahlen, mit der restlichen Petersilie bestreuen und mit dem restlichen Olivenöl beträufeln.

Hinweis: Kutteln vom Kalb in Tomatensauce sind in der Toskana ein beliebtes Gericht. Die in Streifen geschnittene Käserinde ähnelt vom Aussehen her Kutteln, deshalb nennt man dieses Rezept »falsche Kutteln«.

Wein:
»Pomino« - Pomino DOC Bianco - Marchesi de' Frescobaldi, Pomino, Rùfina (Florenz)

Cavolfiore strascicato

Gedünsteter Blumenkohl

Zutaten für 4 Personen:
- *1 Kopf Blumenkohl (ca. 800 g)*
- *Salz*
- *400 g vollreife Tomaten*
- *2 Knoblauchzehen*
- *4 EL Olivenöl*
- *2 toskanische Würste*
- *100 ml Weißweinessig*
- *Salz*
- *Pfeffer*
- *150 g kleine schwarze Oliven*
- *frischer Oregano*

- Den Blumenkohl 2 Min. lang kopfüber in kaltes Wasser legen, damit sich eventuell festsitzende Tierchen lösen. Dann putzen und in grobe Röschen teilen. Den Blumenkohl in etwas Salzwasser bissfest garen. In kaltes Wasser geben, um den Garprozess zu unterbrechen. Dann abseihen und in kleine Röschen teilen, dabei den Strunk entfernen.

- Die Tomaten waschen, von den Stielansätzen befreien und in Würfel schneiden.

- Den Knoblauch schälen und fein hacken. Das Öl in einer Pfanne erhitzen und den Knoblauch darin goldgelb anschwitzen. Die Haut von den Würsten abziehen und das Brät mit einer Gabel zerdrücken. Zum Knoblauch in die Pfanne geben. Die Blumenkohlröschen hinzufügen. Das Ganze unter gelegentlichem Rühren 5 Min. garen, dann mit Weißweinessig ablöschen.

- Den Essig vollständig verkochen lassen. Die Tomaten untermengen.

- Das Gemüse zugedeckt etwa 30 Min. dünsten, dabei gelegentlich umrühren. Mit Salz und Pfeffer abschmecken. Die Oliven untermengen.

- Vor dem Servieren mit frischen Oreganoblättern garnieren.

Wein:
»Costa di Nugola Vermentino« - Toscana IGT Bianco - Marchesi de' Frescobaldi, Pomino, Rùfina (Florenz)

197

Gemüse und Beilagen

Cipolle rosse ripiene

Gefüllte rote Zwiebeln

Zutaten für 4 Personen:
- *4 große, rote Zwiebeln*
- *Salz*
- *1 Knoblauchzehe*
- *100 g Hackfleisch vom Rind*
- *1 toskanische Wurst*
- *2 EL frisch gehackte Petersilie*
- *1 EL Semmelbrösel*
- *6 EL frisch geriebener Parmesan oder Pecorino*
- *1 Ei*
- *Pfeffer*
- *2 EL kalt gepresstes Olivenöl*

- Die Zwiebeln schälen, jeweils die äußere Schicht entfernen und die obere Spitze 1 cm dick abschneiden. In kochendes Salzwasser legen und 5 Min. garen. Herausheben und beiseite stellen.

- Den Knoblauch schälen und fein hacken. Gemeinsam mit dem Hackfleisch in eine Schüssel geben. Von der Wurst die Haut abziehen, das Brät mit einer Gabel zerdrücken und zum Hackfleisch geben. Petersilie, Semmelbrösel und geriebenen Käse zufügen. Das Ei trennen. Eigelb ebenfalls zum Hackfleisch geben. Das Ganze gründlich vermengen und mit Salz sowie Pfeffer würzen.

- Die Zwiebeln aushöhlen. Die entfernten Teile der Zwiebeln fein hacken und zum Hackfleisch in die Schüssel geben.

- Den Backofen auf 180 °C vorheizen.

- Das Eiweiß zu Schnee schlagen und unter die Hackfleischmasse heben.

- Die Zwiebeln mit der Masse füllen und in eine feuerfeste Form setzen. Mit Öl beträufeln und etwa 20 Min. im Backofen garen.

- Die gefüllten Zwiebeln können heiß oder kalt serviert werden. Nach Belieben Tomatensauce dazu reichen.

Wein:
»Chianti Montespertoli« - Chianti Montespertoli DOCG Rosso - Tenuta Moriano, Montespertoli (Florenz)

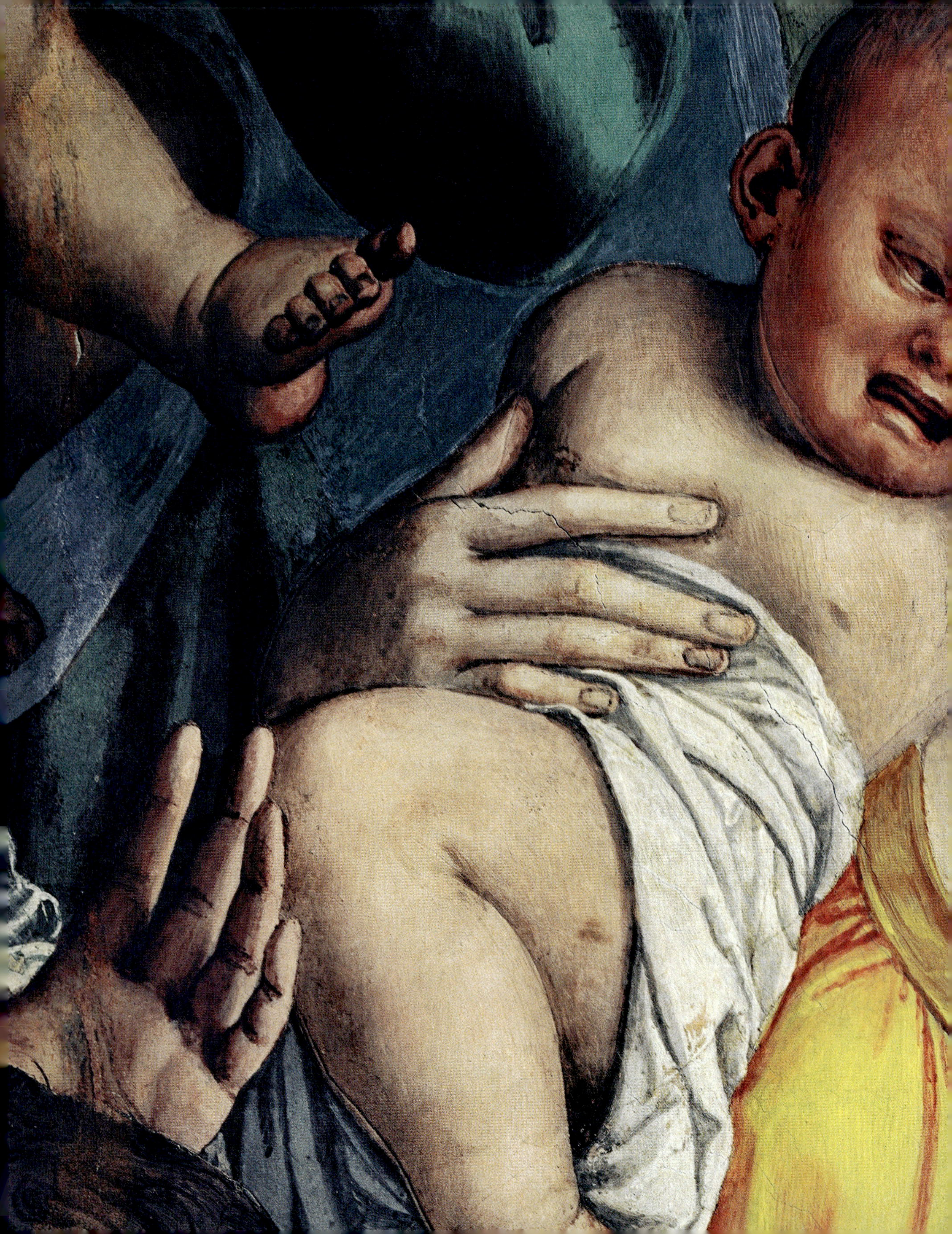

Patate di Cetica su letto di asparagi e fonduta di pecorino Ofenkartoffeln mit Spargel und Pecorinosauce

Zutaten für 4 Personen:
- *2 mittelgroße, vorwiegend fest kochende Kartoffeln (z.B. Cetica)*
- *3–5 EL grobes Meersalz*
- *12 Stangen grüner Spargel*
- *Salz*
- *100 g frisch geriebener Pecorino*
- *1 EL Butter*
- *Pfeffer*
- *4 Eier*
- *2 mittelgroße, schwarze Trüffel*

Für die Käsesauce
- *300 g junger Pecorino*
- *50 g Butter*
- *200 g Sahne*
- *weißer Pfeffer*
- *50 ml Weißwein (z.B. Chardonnay)*

Zubereitung der Käsesauce
- Den Pecorino in Würfel schneiden. Die Butter in einem kleinen Topf zerlassen. Pecorino, Sahne, Pfeffer und Wein hinzufügen. Das Ganze erhitzen und unter ständigem Rühren köcheln lassen, bis der Pecorino vollständig geschmolzen ist. Warm halten.

Zubereitung der Kartoffeln
- Den Backofen auf 180 °C vorheizen.

- Die Kartoffeln sorgfältig waschen und abbürsten. In eine feuerfeste Form legen, mit Meersalz bestreuen und 45 Min. im Backofen garen.

- In der Zwischenzeit die holzigen Enden vom Spargel entfernen. Die Stangen auf die gleiche Länge schneiden und 5 Min. in Salzwasser garen. Mit einem Schaumlöffel herausnehmen und sofort in eiskaltes Wasser legen, damit die grüne Farbe erhalten bleibt.

- Die Kartoffeln aus dem Backofen nehmen, kurz abkühlen lassen und halbieren. Mit einem Teelöffel aushöhlen und dabei die Schale möglichst nicht beschädigen.

- Die Temperatur des Backofens auf 200 °C erhöhen.

- Das Innere der Kartoffeln in einer Schüssel mit einer Gabel zerdrücken. Den geriebenen Käse und die Butter untermengen. Salzen, pfeffern und zu einer glatten Masse verarbeiten.

>>>

Variation:
Die Käsesauce lässt sich sowohl mit jungem als auch mit mittelaltem Pecorino zubereiten. Der ältere Käse schmeckt würziger.

- Die ausgehöhlten Kartoffelhälften damit füllen und 5 Min. im Backofen gratinieren.

- Den Backofen nicht ausschalten. Die Kartoffeln herausnehmen. Die Eier trennen. Auf jede Kartoffelhälfte ein Eigelb setzen. Salzen und pfeffern.

- Die Eiweiße zusammen mit 1 Prise Salz steif schlagen. Den Eischnee in einen Spritzbeutel mit Sterntülle füllen und jeweils als Schicht auf die Kartoffeln spritzen, bis das Eigelb nicht mehr zu sehen ist.

- Die Kartoffeln im Backofen gratinieren, bis die Eiweißschicht goldbraun ist.

- Den Spargel kurz erwärmen. Je 4 Stangen auf 1 vorgewärmten Teller legen. Mit Käsesauce überziehen. Je 1 Kartoffelhälfte daraufsetzen und alles dick mit Trüffelspänen bestreuen.

Hinweis: Cetica ist eine rote Kartoffelsorte aus der gleichnamigen Gemeinde in Arezzo. Ersatzweise können Sie eine andere rote Kartoffelsorte nehmen, zum Beispiel Rote Kipfler.

Wein:
»Achenio« - Bolgheri DOC Bianco - Azienda Vinicola Campo alla Sughera, Bolgheri, Castagneto Carducci (Livorno)

Dolci e biscotti
Desserts und Gebäck

Schiacciatina con l'uva

Traubenkuchen

Für eine Springform von 26 cm Ø:
- *1 kg blaue Weintrauben*
- *25 g frische Hefe*
- *400 g italienisches Mehl Type 00 oder Mehl Type 405*
- *5 EL kalt gepresstes Olivenöl*
- *200 g Zucker*
- *1 Prise Salz*
- *Mehl zum Ausrollen*

Hinweis:
Schiacciatina ist eigentlich ein pikantes Fladenbrot, das vor dem Backen mit grobem Salz bestreut oder mit roten Zwiebeln angereichert wird. Die hier beschriebene süße Variante ist einfach herzustellen und schmeckt köstlich. Verwenden Sie möglichst vollreife, süße Weintrauben.

- Die Trauben waschen, die Beeren von den Stielen lösen und trocken reiben.

- Die Hefe in eine Tasse bröckeln und in etwas warmem Wasser auflösen. Das Mehl in eine große Schüssel geben, eine Mulde in die Mitte drücken, die Hefelösung hineingießen und mit einer Gabel mit dem Mehl vermengen.

- 1 EL Öl, 2 EL Zucker und eine Prise Salz untermengen. Das Ganze zu einem glatten Teig verarbeiten. Mit einem sauberen Küchentuch abdecken und an einem warmen Ort 1 Std. gehen lassen.

- Arbeitsfläche mit Mehl bestäuben. Den Teig darauf dünn zu einem Kreis ausrollen, der in etwa doppelt so groß sein sollte wie die Springform (26 cm Ø).

- Den Backofen auf 180 °C vorheizen.

- Eine Springform mit 26 cm Durchmesser mit Öl einpinseln und mit dem Teig auskleiden. Dabei die doppelte Höhe des Formrands überhängen lassen. 700 g Trauben auf dem Teigboden verteilen, mit 2 EL Zucker bestreuen und mit 2 EL Öl beträufeln.

- Den überhängenden Teig über den Trauben zusammenklappen, die Beeren sollten nahezu vollständig davon bedeckt sein. Den Teig leicht herunterdrücken. Die restlichen Trauben sanft in die Teigoberfläche drücken. Mit dem restlichen Öl beträufeln und 3 EL Zucker darüberstreuen.

- Den Kuchen etwa 1 Std. backen.

- Anschließend auf einem Kuchengitter abkühlen lassen. Dann aus der Form lösen und servieren.

Wein:
»Aleatico« - Sovana DOC Rosso Superiore - Marchesi Antinori, Florenz

206

Desserts und Gebäck

Cantucci

Mandelkekse

Ergibt etwa 60 Stück:
- ***300 g Mehl Type 405***
- ***4 g Backpulver***
- ***250 g Zucker***
- ***1 Prise Salz***
- ***3 Eier***
- ***250 g ganze, ungeschälte Mandeln***

Variationen:
Um den Mandelgeschmack zu verstärken, können Sie die Mandeln vor der Verwendung bei 190 °C 3 bis 4 Min. auf einem Blech im Ofen rösten und 1 EL Mandellikör (Amaretto) unter den Teig mischen. Nach Belieben können Sie zusätzlich 100 g geschmolzene Butter unterarbeiten, das macht den Teig geschmeidiger. Einige toskanische Hausfrauen bestreichen die Rollen vor dem Backen außerdem mit einem verquirlten Ei.

Hinweis:
Zu Cantucci wird traditionell Vin Santo gereicht – man taucht einen Keks kurz in den Süßwein, bis das Gebäck etwas weicher ist und genießt es anschließend.

- Das Mehl mit dem Backpulver vermengen und auf eine glatte Arbeitsfläche oder in eine große Schüssel sieben. Eine Mulde in die Mitte drücken. Zucker, Salz, aufgeschlagene Eier und Mandeln hineingeben.

- Die Zutaten mit einem Backspatel vermengen. Dann mit beiden Händen zu einem Teig verkneten. Aus dem Teig mit bemehlten Händen Rollen von 3–4 cm Durchmesser formen. Die Rollen in Klarsichtfolie hüllen und 30 Min. kühl stellen.

- Den Backofen auf 175 °C vorheizen.

- Ein Blech mit Backpapier belegen, die Rollen darauf setzen und 10–15 Min. im Backofen backen.

- Aus dem Ofen nehmen, kurz abkühlen lassen und die Rollen in schräge, etwa 1 cm dicke Scheiben schneiden.

- Die Scheiben mit der Schnittfläche nach oben nochmals auf das Blech legen und in ca. 5 Min. goldbraun backen.

- Die Cantucci abkühlen lassen und bis zum Verzehr in einer verschließbaren Blechdose aufbewahren.

Wein:
»Quaranta Altari« - Vin Santo del Chianti DOC - Marchesi de' Frescobaldi, Pomino, Rùfina (Florenz)

210
Desserts und Gebäck

Zuppa inglese

Zuppa inglese

Zutaten für 4 Personen:

Für die Vanillecreme
- 500 ml Milch
- ½ Vanilleschote
- 3 Eigelb
- 125 g Zucker
- 3 EL Mehl
- 1 TL Speisestärke
- 1 EL Puderzucker
- 2 EL Kakaopulver

Für den Zuckersirup
- 30 g Zucker
- 110 ml Alchermes (ital. Gewürzlikör)
- 30 ml Rum
- 25 ml trockener Marsala

Außerdem
- 110 g Löffelbiskuits
- 2 EL Alchermes

Zubereitung der Vanillecreme

- Die Milch in einen großen Topf geben. Die halbe Vanilleschote aufschlitzen, zufügen und das Ganze erhitzen. Die Milch einmal aufkochen lassen.

- Eigelbe und Zucker in einer Schüssel schaumig schlagen. Mehl und Speisestärke vermischen, dazusieben und unterrühren.

- Die Vanilleschote aus der Milch nehmen. 100 ml der heißen Milch mit der Eigelbmasse verrühren und die entstandene Mischung zur verbliebenen Milch gießen. Mehrmals aufwallen lassen und dabei stetig mit einem Schneebesen umrühren. Vom Herd nehmen. Weiterrühren, bis die Creme leicht abgekühlt ist. Die Oberfläche mit Puderzucker bestäuben, damit sich keine Haut bildet.

- Ein Drittel der Creme mit dem Kakaopulver verrühren.

Zubereitung des Zuckersirups

- 75 ml Wasser zum Kochen bringen, den Zucker einrieseln lassen und dabei kräftig mit einem Schneebesen rühren, bis sich der Zucker vollständig aufgelöst hat. Den Sirup etwas abkühlen lassen. 3 EL abnehmen und in einem tiefen Teller mit dem Alchermes verquirlen. Restlichen Sirup in einem zweiten tiefen Teller mit Rum und Marsala verrühren.

>>>

Hinweis:
Alchermes erhalten Sie in italienischen Feinkostläden und im gut sortierten Spirituosenhandel. Der Likör enthält etwa 25 Prozent Alkohol und wird durch den Farbstoff Karmin rot gefärbt. Zur Zeit der Medici war der Likör in Italien enorm beliebt, deshalb wurde er in Frankreich unter der Bezeichnung »Liqueur de Medici« bekannt. Heute ist er etwas aus der Mode gekommen, für die Zuppa inglese ist er jedoch eine wichtige Zutat.

Zubereitung der Zuppa inglese

- Einige Löffelbiskuits in die Rum-Marsala-Mischung tauchen und in eine flache Form oder in 4 gläserne Dessertschalen legen. Mit einer Schicht Vanillecreme bedecken. Die zweite Lage Löffelbiskuits in den Alchermes-Sirup tauchen, auf die erste Cremeschicht legen und mit Kakaocreme bestreichen.

- Den Vorgang wiederholen, bis alle Löffelbiskuits und beide Cremes aufgebraucht sind, dabei mit Vanillecreme abschließen. In unregelmäßigen Abständen einige Tropfen Alchermes auf die einzelnen Schichten träufeln, das verleiht dem Dessert hübsche rote Farbtupfer.

- Die Zuppa inglese in den Kühlschrank stellen und über Nacht durchziehen lassen.

Wein:
»L'Aura« - Moscadello di Montalcino DOC - Azienda Agricola Camigliano, Camigliano, Montalcino (Siena)

Torta della nonna
Großmutters Kuchen

Für eine Springform von 26 cm Ø:

Für den Teig

- *300 g Mehl Type 405*
- *1 Ei*
- *150 g Butter*
- *120 g Zucker*
- *1 Prise Salz*
- *1 TL Backpulver*
- *80 g Pinienkerne*
- *1 verquirltes Ei zum Bestreichen*

Für die Vanillecreme

- *1 l Milch*
- *abgeriebene Schale von 1 unbehandelten Zitrone*
- *ausgekratztes Mark von 1 Vanilleschote*
- *7 Eigelb*
- *250 g Zucker*
- *80 g Mehl Type 405*
- *20 g Speisestärke*

Außerdem

- *getrocknete Hülsenfrüchte oder 3 EL grobes Meersalz zum Blindbacken*
- *Butter und Mehl für die Form*
- *Puderzucker zum Bestäuben*

Zubereitung des Teiges

- Das Mehl in eine Schüssel sieben. Eine Mulde in die Mitte drücken. Das Ei hineinschlagen und die Butter in Stücken zufügen. Zucker, Salz sowie Backpulver hinzugeben und das Ganze mit beiden Händen zu einem glatten Teig verarbeiten.

- Den Teig zu einer Kugel formen, in Frischhaltefolie hüllen und mindestens 30 Min. ruhen lassen.

Zubereitung der Vanillecreme

- Die Milch gemeinsam mit Zitronenschale und Vanillemark erhitzen, aber nicht aufkochen lassen.

- Eigelbe und Zucker schaumig schlagen. Mehl sowie Speisestärke dazusieben und gründlich untermengen. Die Mischung in die warme, gewürzte Milch einrühren. Mehrmals aufwallen lassen und dabei stetig mit einem Schneebesen umrühren. Vom Herd nehmen. Weiterrühren, bis die Creme leicht abgekühlt ist. Beiseite stellen.

Zubereitung des Kuchens

- Den Backofen auf 180 °C vorheizen.

- Eine Springform (26 cm Ø) mit Butter ausstreichen und mit etwas Mehl ausstäuben.

>>>

- Den Teig halbieren. Eine Hälfte etwas größer als die Springform ausrollen und den Boden der Form damit auslegen, dabei einen Rand hochziehen. Den Teigboden mehrmals mit einer Gabel einstechen.

- Mit Backpapier bedecken und mit Hülsenfrüchten oder grobem Meersalz beschweren, damit der Teig beim Blindbacken nicht zu stark aufgeht. Etwa 15. Min. im Backofen backen.

- Die Form aus dem Ofen nehmen, das Backpapier entfernen und den Teigboden kurz abkühlen lassen. Anschließend die Vanillecreme darauf verteilen.

- Den zweiten Teil des Teiges auf Backpapier als dünnen Kreis in Größe der Springform ausrollen. Vorsichtig auf die Vanillecreme platzieren und an den Rändern leicht festdrücken. Die Teigoberfläche mit dem verquirlten Ei bestreichen. Den Kuchen mit den Pinienkernen bestreuen und nochmals etwa 15. Min. im Backofen backen.

- Anschließend auf einem Kuchengitter abkühlen lassen. Vor dem Servieren mit Puderzucker bestäuben.

Wein:
»Occhio di Pernice« - Vin Santo di Montepulciano DOC Rosso - Cantine Vittorio Innocenti, Montefollonico (Siena)

217

Desserts und Gebäck

Crespelle di castagne con panna, marroni e salsa di cioccolato

Kastanienpfannkuchen mit Maronensahne und Schokoladensauce

Zutaten für 6 Personen:

Für die Kastanienpfannkuchen

- *50 g Butter*
- *250 ml Milch*
- *200 g Kastanienmehl*
- *100 g Mehl Type 405*
- *2 Eier*
- *1 Prise Zucker*
- *1 Prise Salz*
- *Butter zum Ausbacken*

Für die Maronensahne

- *3 Stück glasierte Maronen (Fertigprodukt)*
- *500 g Sahne*

Für die Schokoladensauce

- *100 g Bitterschokolade*
- *100 g Sahne*

Tipp:
Glasierte Maronen erhalten Sie als Fertigprodukt über das Internet, in französischen oder italienischen Feinkostläden. Kastanienmehl gibt es inzwischen in vielen Bio-Läden, da es für eine glutenfreie Ernährung empfohlen wird.

- Für die Pfannkuchen die Butter in einem kleinen Topf zerlassen. Die Milch erhitzen.

- Beide Mehlsorten in eine Schüssel sieben. Eier, zerlassene Butter, Zucker sowie Salz zufügen und das Ganze gut vermengen. Nach und nach die heiße Milch unter ständigem Rühren zugeben. Darauf achten, dass sich keine Klümpchen bilden. Den Pfannkuchenteig mindestens 30 Min. ruhen lassen.

- Inzwischen die glasierten Maronen fein hacken. Die Sahne steif schlagen und die Maronen unterziehen. Die Schlagsahne in den Kühlschrank stellen.

- Die Bitterschokolade zerbröckeln und im Wasserbad schmelzen. Die Sahne untermischen und die Sauce warm halten.

- Backofen auf 100 °C vorheizen. In einer großen Pfanne 1 TL Butter erhitzen. Einen Schöpflöffel Teig hineingeben, durch Schwenken der Pfanne verteilen und einen dünnen Pfannkuchen ausbacken. Vorgang wiederholen, bis der gesamte Teig aufgebraucht ist. Fertige Pfannkuchen auf einen großen Teller stapeln und im Ofen warm halten.

- Die Maronensahne in einen Spritzbeutel mit Sterntülle füllen. Jeden Pfannkuchen mit Maronensahne füllen, vorsichtig aufrollen und mit Schokoladensauce beträufeln. Sofort servieren.

Wein:
»Nanerone« - Toscana IGT Rosso - Azienda agricola Piandibugnano, Seggiano (Grosseto)

218

Desserts und Gebäck

Zuccotto

Kuppeltorte

Zutaten für 1 Torte:

- *250 g Sahne*
- *150 g Puderzucker*
- *400 g Ricotta*
- *100 g Zucker*
- *50 g kandierte Kirschen*
- *100 g Bitterschokolade*
- *1 TL Kakaopulver*
- *2 Biskuitböden (Fertigprodukt)*
- *100 ml Cognac oder Brandy*
- *100 ml süßer Likör (Grand Marnier oder Maraschino)*
- *Puderzucker zum Bestäuben*

Wein:

»T-Lex«- Ansonica Costa dell'Argentario DOC - Azienda Agricola Il Ponte, Capalbio (Grosseto)

- Die Sahne steif schlagen und dabei den Puderzucker einrieseln lassen. Ricotta durch ein feines Sieb streichen, kräftig mit dem Zucker verrühren und dann mit der Schlagsahne vermischen.

- Von der Ricotta-Sahne-Mischung ein gutes Drittel abnehmen. Kandierte Kirschen und Bitterschokolade grob hacken. Unter die größere Portion der Füllung mischen. Das abgenommene Drittel der Ricotta-Sahne-Mischung mit dem Kakaopulver vermengen.

- Eine Schüssel mit 1,5 l Fassungsvermögen und 21 cm Ø mit Frischhaltefolie auslegen. Aus einem Biskuitboden einen 1 cm dicken Kreis (28 cm Ø) schneiden, aus dem zweiten Boden Tortenstücke ohne Rand schneiden, damit werden die Wände der Schüssel ausgekleidet und die Füllung bedeckt.

- Cognac oder Brandy mit süßem Likör verquirlen und mit etwas Wasser verdünnen. Den Biskuitkreis mittig in die Schüssel legen und leicht hineindrücken. Mithilfe eines Pinsels mit der Alkoholmischung tränken. Die Tortenstücke ebenfalls mit Alkohol bestreichen, die Wände der Schüssel mit Biskuitstücken auskleiden.

- Die Schokosahne auf dem Biskuitboden verteilen, die Sahne mit den kandierten Kirschen darübergeben und glattstreichen. Die restlichen Tortenstücke darauflegen.

- Das Ganze mit Pergamentpapier bedecken, vorsichtig zusammenpressen und für mindestens 5 Std. in den Kühlschrank stellen.

- Die Torte auf eine Platte stürzen und die Folie abziehen. Den Zuccotto mit Puderzucker bestäuben und servieren.

Gattò all'aretina

Biskuitroulade nach Arentiner Art

Zutaten für 1 Roulade:

Für den Biskuitteig
- *6 Eier*
- *1 Prise Salz*
- *300 g Zucker*
- *150 g Mehl Type 405*
- *50 g Speisestärke*
- *1 Pck. Backpulver*
- *abgeriebene Schale von 1 unbehandelten Zitrone*
- *Zucker für das Küchentuch*

Für die Füllung
- *500 ml Milch*
- *120 g Zucker*
- *½ aufgeschlitzte Vanilleschote*
- *4 Eigelb*
- *70 g Mehl*
- *abgeriebene Schale von 1 unbehandelten Zitrone*
- *100 g gehackte Bitterschokolade*

Zubereitung des Biskuitteiges

- Den Backofen auf 180 °C vorheizen. Ein Blech mit Backpapier belegen.

- Die Eier trennen. Eiweiße gemeinsam mit 1 Prise Salz steif schlagen. Eigelbe und Zucker in eine Schüssel geben. 6 EL kaltes Wasser zufügen und das Ganze mit dem Mixer schaumig schlagen. So lange rühren, bis die Masse fast weiß ist, das dauert ca. 3 Minuten. Mehl, Speisestärke und Backpulver vermengen, über die Eigelbmasse sieben. Die Zitronenschale zufügen.

- Den Eischnee auf das Mehl geben und das Ganze mit einem Schneebesen zügig vermengen, dabei möglichst nicht rühren, sondern den Schneebesen von unten nach oben ziehen. Den Teig mit einem Spatel gleichmäßig auf dem Backpapier verteilen. Das Blech auf der mittleren Einschubleiste in den Ofen schieben und den Teig 12–15 Min. backen. Dabei keinesfalls die Ofentüre öffnen, sonst fällt der Teig zusammen.

- Anschließend sofort auf ein mit Zucker bestreutes, sauberes Geschirrtuch stürzen, das Backpapier mit Wasser befeuchten und abziehen. Den Biskuitboden mithilfe des Tuches aufrollen und bis zum Füllen beiseite stellen.

>>>

Für den Sirup
- *150 g Zucker*
- *ausgekratztes Mark von ½ Vanilleschote*
- *abgeriebene Schale von ½ unbehandelten Orange*
- *⅓ Zimtstange*
- *250 ml Alchermes (ital. Gewürzlikör)*

Außerdem
- *150 g Haselnüsse*
- *80 g Zucker*
- *Puderzucker zum Bestäuben*

Zubereitung der Füllung
- Die Milch gemeinsam mit 1 TL Zucker und der Vanilleschote zum Kochen bringen.

- In der Zwischenzeit die Eigelbe und den restlichen Zucker schaumig schlagen. Das Mehl dazusieben, 1 EL warme Milch zufügen und weiter schlagen, bis die Masse luftig ist.

- Kurz bevor die Milch kocht, die Vanilleschote entfernen und die heiße Milch unter ständigem Rühren zur Eigelbmasse geben. Das Ganze zurück in den Topf gießen. Mehrmals aufwallen lassen und dabei ständig rühren.

- Jeweils eine Hälfte der heißen Creme in eine Schüssel geben. Eine Hälfte mit Zitronenschale vermengen, die andere mit gehackter Bitterschokolade. Jeweils mit befeuchtetem Backpapier bedecken und bis zur Weiterverwendung kühl stellen.

Zubereitung des Sirups
- 500 ml Wasser und Zucker zum Kochen bringen. Vanillemark, Orangenschale sowie Zimtstange zufügen. Gut verrühren, kurz köcheln lassen und dann den Topf sofort in eine mit Eiswürfeln gefüllte Schüssel stellen. Den Sirup unter Rühren kurz abkühlen lassen. Die Zimtstange entfernen und den Alchermes unterrühren.

>>>

Zubereitung der Haselnüsse

- Die Haselnüsse grob hacken. In einer Pfanne den Zucker langsam erhitzen. 4 EL Wasser sowie die Haselnüsse zugeben. Unter ständigem Rühren mit einem Holzkochlöffel karamellisieren lassen. Die Pfanne vom Herd nehmen und das Ganze nochmals gut verrühren.

Zubereitung der Biskuitroulade

- Den Biskuitboden wieder aufrollen. Den Sirup mithilfe eines Backpinsels gleichmäßig auftragen. Abwechselnd Vanille- und Schokoladencreme auf dem Biskuitboden verstreichen. Die Schokoladencreme mit Haselnussmasse versehen. Den Boden mithilfe des Tuches vorsichtig wieder einrollen. Die Roulade mit der Nahtstelle nach unten auf eine längliche Platte setzen.

- Vor dem Servieren dick mit Puderzucker bestäuben.

Wein:
»Vin Santo« - Vin Santo del Chianti Classico DOC - Castello di Ama, Gaiole in Chianti (Siena)

Torta di ricotta e lamponi

Ricotta-Himbeer-Kuchen

Für 1 Blech:
- *400 g Sahne*
- *3 Eier*
- *1 Prise Salz*
- *70 g Mehl*
- *150 g Zucker*
- *250 g Ricotta vom Schaf*
- *1 EL Zitronensaft*
- *200 g frische Himbeeren*

- Den Backofen auf 160 °C vorheizen. Ein Blech mit Backpapier belegen.

- Die Sahne halbsteif schlagen. Die Eier trennen. Die Eiweiße gemeinsam mit 1 Prise Salz steif schlagen.

- In einer Schüssel Mehl, Zucker und Eigelbe schaumig schlagen. Ricotta und Zitronensaft zufügen. Das Ganze zu einer glatten Masse verrühren. Den Eischnee unterheben. Zum Schluss die Schlagsahne unterziehen.

- Den Teig auf dem Backpapier verstreichen. Die Himbeeren darauf verteilen und den Kuchen etwa 30 Min. backen.

- Den Kuchen auf einem Kuchengitter abkühlen lassen. Vor dem Servieren für 1 Tag in den Kühlschrank stellen.

Wein:
»Le Caldie« - Toscana IGT - Azienda agricola Poggio Molina, Bucine (Arezzo)

225

Desserts und Gebäck

Torta di farro, riso e ricotta

Dinkel-Reis-Kuchen

Für 1 Springform von 26 cm Ø:
- *75 g Dinkelkörner (Dinkelreis)*
- *Salz*
- *75 g Milchreis*
- *25 g Butter*
- *25 g Hartweizenmehl Type 00*
- *100 g Ricotta*
- *1 Ei + 1 Eigelb*
- *75 g Zucker*
- *1 Prise Zimtpulver*
- *125 ml Milch*
- *100 g Walnusskerne*
- *Butter und Mehl für die Form*

Hinweis:
Als Dinkelreis bezeichnet man entspelzte, leicht geschliffene Dinkelkörner. Dinkelreis erhalten Sie im Reformhaus, in Bio-Läden und in gut sortierten Supermärkten. Gebäck mit Dinkel ist nicht sonderlich lange haltbar, es wird schnell trocken. Den Kuchen also rasch verzehren und etwaige Reste in Frischhaltefolie wickeln.

- Die Dinkelkörner in einem Topf mit reichlich Wasser bedecken. Erhitzen, aufkochen lassen und den Dinkel etwa 20 Min. garen. Salzen, den Milchreis einrühren und das Ganze weitere 20 Min. köcheln lassen.

- Anschließend abgießen und abkühlen lassen.

- Den Backofen auf 180 °C vorheizen. Eine Springform mit Butter ausstreichen und mit Mehl ausstäuben. Die Butter in einem kleinen Topf zerlassen.

- Dinkel und Milchreis in eine Schüssel geben. Hartweizenmehl, Ricotta, Ei, Eigelb, Zucker, zerlassene Butter, Zimt sowie 1 Prise Salz zufügen. Das Ganze gründlich vermengen.

- Die Milch unter ständigem Rühren zugießen. Zum Schluss die Walnusskerne untermengen.

- Den Teig in die Springform füllen und glattstreichen. Etwa 30 Min. backen. Ein langes Holzstäbchen in die Mitte des Kuchens stecken, haftet beim Herausziehen des Stäbchens kein Teig daran, ist der Kuchen durchgebacken.

- In der Form auf einem Kuchengitter abkühlen lassen. Dann aus der Form lösen und servieren.

Wein:
»T-Lex« - Ansonica Costa dell'Argentario DOC - Azienda Agricola Il Ponte, Capalbio (Grosseto)

Lattaiolo del Casentino

Gebackene Milchcreme aus Casentino

Zutaten für 6 Personen:
- *1 l Milch (3,5 % Fett)*
- *abgeriebene Schale von 1 unbehandelten Zitrone oder 1 EL Kaffeebohnen*
- *6 Eier*
- *6 EL Zucker*
- *50 ml süßer Vin Santo (Dessertwein)*

Tipp:
Wenn Sie die Milch mit Zitronenschale erhitzen, schmeckt die Creme frisch, verwenden Sie Kaffeebohnen, bekommt das Dessert eine leicht herbe Note. Die Menge des Vin Santo können Sie nach Belieben erhöhen oder reduzieren. Falls Kinder mitessen, können Sie ihn auch ganz weglassen, das gilt dann natürlich auch für die Kaffeebohnen.

- Die Milch gemeinsam mit der Zitronenschale oder den Kaffeebohnen bis kurz vor den Siedepunkt erhitzen. Anschließend vom Herd nehmen und abkühlen lassen.

- Den Backofen auf 160 °C vorheizen.

- In einer Schüssel Eier, Zucker und Vin Santo schaumig schlagen. Die erkaltete Milch durch ein feines Sieb dazugießen und gründlich unterrühren.

- Die Masse in eine Tarteform (28 cm Ø, 2 l Fassungsvermögen) oder in eine feuerfeste Schüssel aus Steingut füllen.

- Tarteform oder Schüssel auf ein halb herausgezogenes, tiefes Backblech stellen. Das Blech bis zum Rand mit Wasser füllen (Form oder Schüssel sollten bis zu drei Viertel in Wasser stehen), das Blech vorsichtig in den Ofen schieben und die Milchcreme etwa 1 Std. garen. Währenddessen darauf achten, dass die Oberfläche nicht zu dunkel wird. Gegebenenfalls mit einem Stück Aluminiumfolie abdecken. Zur Garprobe einen Zahnstocher in die Mitte der Creme stecken. Haftet beim Herausziehen keine Masse am Zahnstocher, ist die Creme durchgegart.

- Die Creme bei Zimmertemperatur abkühlen lassen und dann servieren. Im Kühlschrank hält sie sich 3 Tage, sie schmeckt auch kalt sehr gut.

Wein:
»Pascena« - Moscadello di Montalcino DOC - Società agricola Col d'Orcia, Montalcino (Siena)

Castagnaccio con spuma di ricotta

Kastanienkuchen mit Ricotta-Mousse

Zutaten für 6 Personen:

- *70 g Rosinen*
- *50 g Walnusskerne*
- *500 g Kastanienmehl*
- *2 EL Zucker*
- *3 EL kalt gepresstes Olivenöl + Öl für das Blech*
- *1 TL Salz*
- *30 g Pinienkerne*
- *einige Rosmarinnadeln*
- *300 g Ricotta*
- *3 EL Puderzucker*

- Die Rosinen in etwas Wasser einweichen. Die Walnusskerne grob hacken.

- In einer Schüssel das Kastanienmehl mit 3–4 EL kaltem Wasser glattrühren. Darauf achten, dass keine Klümpchen entstehen. Nach und nach mehr Wasser einarbeiten, bis der Teig halbfest ist (insgesamt etwa 500 ml Wasser).

- Den Backofen auf 180 °C vorheizen.

- Die Rosinen abtropfen lassen und leicht ausdrücken. Zucker, Öl, Salz und Rosinen unter den Teig mengen.

- Eine rechteckige, mindestens 2 cm hohe Backform mit Öl ausstreichen, den Teig darauf verteilen und glatt streichen. Mit Pinienkernen, Walnüssen und Rosmarin bestreuen. Den Kuchen etwa 20 Min. backen.

- In der Zwischenzeit den Ricotta durch ein feines Sieb streichen. Mit dem Puderzucker vermengen und mit einem Schneebesen schaumig schlagen.

- Den Kastanienkuchen noch warm in Rechtecke oder Quadrate schneiden. Jeweils mit einem Klecks Ricotta-Mousse versehen.

Wein:

»Vin Santo di Montepulciano« - Vin Santo di Montepulciano DOC - Cantina Avignonesi, Valiano di Montepulciano (Siena)

Gnocchi di crema di Monte San Savino con pasta croccante

Süße Gnocchi mit Krokantröllchen

Zutaten für 4 Personen:
Für die Gnocchi
- *750 ml Milch*
- *ausgekratztes Mark von 1 Vanilleschote*
- *abgeriebene Schale von 1 unbehandelten Zitrone*
- *1 Prise gemahlener Safran*
- *210 g Zucker*
- *180 g Mehl*
- *15 g Speisestärke*
- *4 Eier*
- *80 ml süßer Vin Santo*
- *1 EL Butter*
- *3 EL brauner Zucker*
- *Puderzucker zum Bestäuben*

Für die Krokantröllchen
- *100 g weiche Butter*
- *100 g Mehl*
- *100 g Puderzucker*

Zubereitung der Gnocchi
- Die Milch gemeinsam mit Vanillemark, Zitronenschale, Safran und 1 TL Zucker zum Kochen bringen.

- Den Backofen auf 250 °C vorheizen. Ein Blech mit Backpapier belegen.

- Restlichen Zucker, Mehl und Speisestärke in einer Schüssel vermengen. Die Eier trennen. Die Eiweiße beiseite stellen. Eigelbe und 1 kleinen Schöpflöffel warme Milch zur Mehlmischung geben und gründlich damit verrühren. Die Masse schaumig schlagen.

- Sobald die Milch kocht, unter ständigem Rühren langsam durch ein feines Sieb zur Eigelbmasse geben. Das Ganze zurück in den Topf füllen. Vin Santo unterrühren und die Masse mehrmals aufwallen lassen. Dabei stetig mit einem Holzkochlöffel rühren. So lange köcheln lassen, bis die Masse stark bindet und fest ist.

- Mithilfe von 2 Esslöffeln 12 mittelgroße Klößchen von der Masse abstechen. Die Klößchen auf das Backpapier setzen. Etwas abkühlen lassen. Die Butter zerlassen und die Gnocchi damit beträufeln. Mit dem braunen Zucker bestreuen und 10 Min. im Backofen garen. Anschließend auf Zimmertemperatur abkühlen lassen. Währenddessen die Krokantröllchen zubereiten.

>>>

Wein:
»Aleatico« - Sovana DOC Rosso Superiore - Marchesi Antinori, Florenz

Tipp:
Die Krokantröllchen schmecken auch zu anderen Desserts sehr gut. In einer gut verschließbaren Vorratsdose bleiben sie knusprig und halten sich bis zu 1 Woche.

Zubereitung der Krokantröllchen

- Den Backofen auf 200 °C einstellen. Ein weiteres Blech mit Backpapier belegen.

- Butter, Mehl und Puderzucker mit einem Schneebesen oder Mixer schaumig schlagen. Anschließend die Eiweiße untermischen.

- Die Masse mithilfe eines Esslöffels in 6 Portionen – jeweils kreisförmig – auf dem Backpapier verteilen. Dabei auf ausreichenden Abstand achten, die Masse läuft stark auseinander. In etwa 8 Min. goldbraun backen. Den Krokant beim Backen im Auge behalten, damit er nicht zu dunkel wird, eventuell nur 6 Min. backen.

- Kurz abkühlen lassen. Die Krokantkreise mit einer Palette vom Backpapier lösen und noch heiß jeweils zu einem Röllchen formen. Zügig arbeiten, die Masse kühlt schnell ab und kann dann nicht mehr geformt werden. Sollte das der Fall sein, nochmals für 2 Min. in den Ofen schieben.

Anrichten

- Auf 4 Dessertteller jeweils 3 Klößchen platzieren. Je 1 Krokantröllchen daneben legen. Restliche Krokantröllchen anderweitig verwenden. Die Gnocchi mit Puderzucker bestäuben und sofort servieren. Nach Belieben cremigen Naturjoghurt, geraspelte Bitterschokolade oder geröstete, gehackte Mandeln dazu reichen.

SPIZZICO
PIZZA
SELF-SERVICE
CIAO

Panforte

Weihnachtskuchen

Für 2 Springformen von 20 cm Ø:
- ***500 g geschälte Mandeln***
- ***2 große, runde Oblaten von 20 cm Ø***
- ***300 g Mehl Type 405***
- ***1 TL Zimtpulver***
- ***1 Prise Nelkenpulver***
- ***1 Prise gemahlene Muskatnuss***
- ***300 g gehacktes Zitronat***
- ***300 g gehacktes Orangeat***
- ***300 g Puderzucker***
- ***300 g Kastanienhonig (ersatzweise Blütenhonig)***
- ***Puderzucker zum Bestäuben***

- Die Mandeln in einer beschichteten Pfanne ohne Fettzugabe rösten, bis sie anfangen zu duften.

- Den Backofen auf 220 °C vorheizen. 2 Springformen von 20 cm Ø mit Backpapier auskleiden (inklusive Rand). Die Oblaten jeweils auf den Boden legen.

- In einer Schüssel Mehl, Zimt, Nelken, Muskatnuss, Zitronat, Orangeat, Mandeln und kandierte Früchte sorgfältig vermischen.

- Puderzucker und Honig in einem Topf aufkochen und unter Rühren 2–3 Min köcheln lassen. 50 ml kaltes Wasser einrühren und den Topf vom Herd nehmen. Die Mischung sofort mit der Mandelmasse vermengen.

- Den Teig rasch auf die Springformen verteilen und mit einem angefeuchteten Fleischklopfer oder einem anderen schweren Gegenstand festdrücken. Zügig arbeiten, die Masse wird schnell fest. 5 Min. im Ofen backen. Dann die Temperatur auf 160 °C reduzieren und die Panforte nochmals 15 Min. backen.

- Auf einem Kuchengitter vollständig abkühlen lassen. Aus den Formen lösen, das Backpapier abziehen und die Panforte dick mit Puderzucker bestäuben. In Alufolie verpackt halten die Kuchen mehrere Monate lang frisch.

Wein:
»Moscadello di Montalcino« - Moscadello di Montalcino DOC - Tenuta Il Poggione, Sant'Angelo in Colle, Montalcino (Siena)

Migliaccio garfagnino con mele spadellate al rosmarino

Vollkorntörtchen mit Rosmarin-Äpfeln

▪ ▪ ▪

Für 4 Förmchen von je 10 cm Ø:

Für die Törtchen
- ***Butter + Mehl für die Förmchen***
- ***220 g Vollkornmehl***
- ***150 g Zucker***
- ***3 EL kalt gepresstes Olivenöl***
- ***1 Prise Zimtpulver***
- ***1 Prise Salz***

Für die Rosmarin-Äpfel
- ***2 große, süße Äpfel (ca. 400 g)***
- ***70 g Butter***
- ***3 EL Zucker***
- ***1 Rosmarinzweig***
- ***3 EL Brandy oder Grappa***
- ***100 g Sahne***

Für den Läuterzucker
- ***100 g Zucker***

Zubereitung der Törtchen
- Den Backofen auf 180 °C vorheizen. 4 Förmchen von 10 cm Ø mit Butter ausstreichen und mit Mehl ausstäuben.

- In einer Schüssel Mehl, Zucker, Öl und 150 ml Wasser mit einem Mixer gründlich vermengen. Dabei darauf achten, dass keine Klümpchen entstehen. Zimt sowie Salz hinzufügen und nochmals gut durchrühren.

- Den Teig in die Förmchen füllen, glatt streichen und 25–30 Min. im Backofen backen.

Zubereitung der Äpfel
- Die Äpfel schälen und vom Kerngehäuse befreien. Einen Apfel in dünne Spalten, den zweiten in Würfel schneiden.

- Die Butter in einer Pfanne zerlassen, den Zucker hinzufügen und unter Rühren karamellisieren lassen. Apfelspalten und Rosmarinzweig hinzufügen. Bei mittlerer Hitze ca. 10 Min. dünsten.

- Die Pfanne vom Herd nehmen und Brandy oder Grappa hineingießen. Die Pfanne wieder auf den Herd stellen. Den Alkohol anzünden und verdampfen lassen.

- Die Apfelspalten herausnehmen. Beiseite legen. Apfelwürfel und Sahne in die Pfanne geben, aufkochen und 2 Min. köcheln lassen. Rosmarinzweig entfernen und den Pfanneninhalt im Mixer pürieren.

>>>

Zubereitung des Läuterzuckers

- Zucker und 100 ml Wasser in einem Topf verrühren, erhitzen und 3 Min. köcheln lassen.

Zubereitung der Törtchen

- Die Törtchen aus den Formen lösen, abkühlen lassen und mit Läuterzucker beträufeln. Die Apfelspalten auflegen.

- Das Apfelpüree als Spiegel auf 4 Dessertteller verteilen. Jeweils 1 Törtchen daraufsetzen und alles sofort servieren.

Variation: Sie können die Apfeltörtchen auch jeweils mit einem Klecks Apfelpüree versehen, anstatt sie darauf zu setzen.

Wein:
»Occhio di Pernice« - Vin Santo di Montepulciano DOC - Cantina Avignonesi, Valiano di Montepulciano (Siena)

Pesche di Prato

Pfirsichmakronen nach Prateser Art

Für ca. 40 Stück:
- *35 g Butter*
- *15 g frische Hefe*
- *180 ml warmes Wasser*
- *350 g Mehl*
- *1 Prise Salz*
- *75 g Zucker*
- *1 Ei*
- *abgeriebene Schale von 1 unbehandelten Zitrone*
- *50 ml Alchermes (ital. Gewürzlikör)*
- *Zucker zum Wälzen*

Für die Füllung
- *500 ml Milch*
- *ausgekratztes Mark von 1 Vanilleschote*
- *170 g Zucker*
- *4 Eigelb*
- *70 g Mehl*

- Für die Makronen die Butter zerlassen. Die Hefe im warmen Wasser auflösen.

- Das Mehl in eine Schüssel sieben. Eine Mulde in die Mitte drücken. Salz und Zucker hineingeben, dann das Ei, Zitronenschale, zerlassene Butter sowie die Hefelösung. Das Ganze mit beiden Händen vermengen.

- Dann 10 Min. lang kräftig kneten, bis ein glatter, elastischer Teig entsteht. Den Teig zur Kugel formen, in die Schüssel legen, abdecken und an einem warmen Ort 2 Std. gehen lassen.

- Aus dem Teig mit bemehlten Händen etwa 40 eigroße Kugeln formen. Auf ein mit Backpapier belegtes Blech legen und nochmals 1 Std. gehen lassen.

- Den Backofen auf 160 °C vorheizen. Ein zweites Blech mit Backpapier belegen, die Kugeln auf beide Bleche verteilen und etwa 30 Min. backen. Danach abkühlen lassen.

- Die Kugeln quer halbieren, dabei die untere Hälfte jeweils etwas kleiner geraten lassen, damit die Makronen später eine hübsche Rundung haben. Alchermes in einem tiefen Teller mit 50 ml Wasser verquirlen. Die Kugelhälften einzeln kurz in die Likörmischung tauchen und dann sofort in Zucker wälzen.

>>>

- Für die Füllung die Milch gemeinsam mit dem Vanillemark und 1 TL Zucker zum Kochen bringen.

- Restlichen Zucker und Eigelbe mit einem Mixer schaumig schlagen. Das Mehl dazusieben, 1 kleinen Schöpflöffel warme Milch zufügen und das Ganze kräftig aufschlagen.

- Sobald die Milch kocht, unter ständigem Rühren langsam durch ein feines Sieb zur Eigelbmasse geben. Das Ganze zurück in den Topf füllen. Mehrmals aufwallen lassen. Dabei stetig mit einem Holzkochlöffel rühren. So lange köcheln lassen, bis die Masse bindet.

- Die Füllung in eine Schüssel umfüllen, mit Backpapier bedecken und im Kühlschrank kalt werden lassen.

- Die Füllung auf den unteren gebackenen Kugelhälften verstreichen. Die oberen Hälften aufsetzen und jeweils sanft mit den unteren zusammendrücken. Sofort servieren. Das Gebäck hält sich maximal 3 Tage.

Hinweis: Das Gebäck ähnelt vom Aussehen her vollreifen Pfirsichen, daher die Rezeptbezeichnung, Pfirsiche sind darin nicht enthalten.

Wein:
»L'Aura« - Moscadello di Montalcino DOC - Azienda Agricola Camigliano, Camigliano, Montalcino (Siena)

Semifreddo di zabaione al vin santo con passata di cachi

Halbgefrorene Vin-Santo-Zabaione mit Kakipüree

Zutaten für 4 Personen:

Für den Biskuitteig
- 3 Eier
- 65 g Zucker
- 50 g Mehl
- 10 g Speisestärke

Für die Zabaione
- 80 g Pinienkerne
- 400 ml trockener Vin Santo
- 12 Blatt weiße Gelatine
- 400 g Sahne
- 75 g Zucker
- 5 Eigelb

Für das Kakipüree
- 2 Kakifrüchte

Außerdem
- 8 Pfefferminzblätter

Zubereitung des Biskuitteiges

- Den Backofen auf 200 °C vorheizen. Ein Blech mit Backpapier belegen.

- Die Eier trennen. Die Eiweiße gemeinsam mit 40 g Zucker steif schlagen. Die Eigelbe mit 3 EL kaltem Wasser und dem restlichen Zucker schaumig rühren. So lange rühren, bis die Masse fast weiß ist. Mehl und Speisestärke vermischen und über die Eigelbmasse sieben. Den Eischnee daraufgeben und das Ganze mit einem Schneebesen locker vermengen, bis kein Mehl mehr zu sehen ist.

- Den Teig 1 cm dick auf dem Backpapier verstreichen. Etwa 12 Min. backen.

- Den Biskuitboden abkühlen lassen. Dann stürzen, das Backpapier befeuchten und abziehen. Aus dem Boden 8 Kreise von 5 cm ausschneiden oder ausstechen. Gebackene Teigreste aufbewahren, sie werden später für die Dekoration benötigt.

Zubereitung der Zabaione

- Die Pinienkerne in einer Pfanne ohne Fettzugabe goldbraun rösten. Den Vin Santo in einem Topf erhitzen und auf ein Drittel einkochen lassen. Die Gelatine in kaltem Wasser einweichen. Die Sahne steif schlagen.

- Den Zucker in einem kleinen Topf mit 50 ml Wasser verrühren, erhitzen und 3 Min. köcheln lassen. Die Eigelbe in einer Schüssel mit 2 EL heißem Wasser aufschlagen.

>>>

- Die Gelatine ausdrücken, in den Zuckersirup geben und darin auflösen. Die Mischung zu den Eigelben geben und rasch damit verrühren. Den reduzierten Vin Santo unter ständigem Rühren zufügen. Sobald die Masse lauwarm ist, die geschlagene Sahne unterziehen.

- 4 Förmchen mit jeweils 150 ml Fassungsvermögen mit Frischhaltefolie auskleiden. Jeweils ein wenig Zabaione einfüllen, einen Biskuitkreis darauflegen und mit Zabaionecreme bedecken. Einige Pinienkerne darüberstreuen – nicht alle verbrauchen, es werden noch einige für die Dekoration benötigt. Nochmals Zabaione einfüllen und mit einem Biskuitkreis abschließen. Das Dessert für 2 Std. ins Gefrierfach stellen.

Anrichten

- Die Kakifrüchte schälen, halbieren und entkernen. Das Fruchtfleisch grob würfeln und im Mixer pürieren. Die Zabaione vorsichtig aus den Förmchen auf Dessertteller stürzen. Jeweils einen Klecks Kakipüree darauf geben. Jede Portion mit Biskuitstücken, Pinienkernen und Pfefferminze dekorieren.

Wein:
»Vinsanto del Chianti Classico« - Vin Santo del Chianti Classico DOC - Azienda vinicola Vignamaggio, Greve in Chianti (Florenz)

Ricciarelli senesi

Mandelgebäck aus Siena

Zutaten für 1 kg Gebäck:

Für die Mandelmasse
- *400 g geschälte Mandeln*
- *300 g Zucker*
- *50 g Mehl Type 405*
- *abgeriebene Schale von 4 unbehandelten Orangen*
- *5 ml Mandelaroma*

Für den Sirup
- *47 g Zucker*
- *14 ml Wasser*

Für den Teig
- *20 g Mehl Type 405*
- *20 g Puderzucker*
- *8 g Backpulver*
- *1 g Hirschhornsalz*

Für den Eischnee
- *80 g Eiweiß (ca. 3 Eier)*
- *20 g Puderzucker*
- *5 g Vanillezucker*

Außerdem
- *Speisestärke*
- *5 EL Puderzucker*
- *1 Msp. Vanillezucker*
- *Puderzucker zum Bestäuben*

Zubereitung der Mandelmasse
- In einer Küchenmaschine mit Schneidemessern Mandeln und Zucker auf mittlerer Stufe fein zerkleinern. Mehl und Orangenschale vermischen und hinzugeben. Das Mandelaroma einträufeln. Nochmals kurz durchmixen – bei zu langem Betrieb der Küchenmaschine wird das Öl der Mandeln freigesetzt. Die Mandelmasse in eine große Schüssel geben.

Zubereitung des Sirups
- In einem kleinen Topf Zucker und Wasser unter ständigem Rühren auf eine Temperatur von 108 °C erhitzen. Sobald sich der Zucker gelöst hat, den Topf vom Herd nehmen.

Zubereitung des Teiges
- Das Mehl in eine Schüssel sieben, Zucker, Backpulver und Hirschhornsalz einarbeiten und das Ganze gut vermischen.

- Mandelmasse, Zuckersirup und Mehlmischung zu einem relativ feuchten, nicht zu festen Teig verkneten. Zur Kugel formen, in Frischhaltefolie wickeln und 12 Std. ruhen lassen.

- Am nächsten Tag die Eiweiße steif schlagen, dabei Zucker und Vanillezucker einrieseln lassen. Den Eischnee zum Teig vom Vortag geben und das Ganze zu einem kompakten Teig verarbeiten.

- Den Backofen auf 140 °C vorheizen. Zwei Bleche mit Backpapier belegen.

>>>

- 5 EL Puderzucker mit einer Messerspitze Vanillezucker vermischen. Eine Arbeitsfläche mit etwas Speisestärke und dem aromatisierten Puderzucker bestäuben. Den Teig darauf nochmals kräftig durchkneten. Etwa 4,5 cm dicke Rollen daraus formen und diese in 1 cm dicke Scheiben schneiden (à 25–30 g). Die Scheiben mit beiden Händen zu kleinen Ovalen formen.

- Das Gebäck auf der Arbeitsfläche mit Puderzucker bestäuben. Dann auf die Bleche setzen und etwa 20 Min. backen. Die Ricciarelli sind fertig, wenn auf der Oberfläche leichte Risse sichtbar sind. Die Kekse sollten noch hell und weich sein.

- Die Bleche aus dem Ofen nehmen und das Gebäck auf einem Kuchengitter auskühlen lassen.

- In einen luftdicht verschließbaren Behälter geben und erst am nächsten Tag servieren.

Wein:
»L'Aura« - Moscadello di Montalcino DOC - Azienda Agricola Camigliano, Camigliano, Montalcino (Siena)

Cenci di Carnevale farciti di crema e Nutella

Karnevalsgebäck mit Vanille- und Schokofüllung

Zutaten für 6 Personen:

Für den Teig

- *50 g weiche Butter*
- *2 Eier*
- *50 g Zucker*
- *abgeriebene Schale von 1 unbehandelten Orange*
- *abgeriebene Schale von 1 unbehandelten Zitrone*
- *2 EL süßer Vin Santo oder Rum*
- *3 EL kalt gepresstes Olivenöl*
- *300 g Mehl*
- *8 g Backpulver*
- *1 Prise Salz*

Für die Füllung

- *60 g Vanillecreme (s. Rezept S. 239)*
- *60 g Nuss-Nougat-Creme (Fertigprodukt)*

Außerdem

- *Kokosfett zum Frittieren*
- *Puderzucker zum Bestäuben*

- Butter, Eier, Zucker, Orangen- sowie Zitronenschale, Vin Santo oder Rum und Öl in einer Schüssel cremig rühren. Das Mehl mit dem Backpulver vermischen und gemeinsam mit dem Salz zufügen.

- Das Ganze gründlich vermengen. Dann den Teig mit beiden Händen 10 Min. lang kräftig durchkneten. Zu einer Kugel formen und zugedeckt rund 30 Min. ruhen lassen.

- Den Teig auf einer bemehlten Arbeitsfläche 3 mm dick ausrollen. Mit einer Ausstechform oder einem großen Glas Kreise von 8 cm ausstechen. In die Mitte der Kreise abwechselnd 1 EL Vanillecreme oder 1 EL Nuss-Nougat-Creme setzen. Die Kreise zusammenklappen und die Ränder mit einer Gabel sorgfältig zusammendrücken.

- Teigreste erneut ausrollen und mit einem Teigrädchen in etwa 5 cm lange Streifen schneiden. Die Streifen einmal in der Mitte drehen, so dass Schleifen entstehen.

- Reichlich Kokosfett in einer Fritteuse oder einem großen Topf auf 180 °C erhitzen.

- Das Gebäck darin portionsweise in 6–8 Min. goldgelb frittieren. Mit einem Schaumlöffel herausnehmen und auf Küchenpapier abtropfen lassen.

- Auf eine Servierplatte legen und mit reichlich Puderzucker bestäuben.

Wein:

»Borbotto« - Toscana IGT Passito - Monaci Camaldolesi, Bibbiena (Arezzo)

Tartufi al cioccolato

Schokotrüffel

Zutaten:

- *360 g Bitterschokolade (55 % Kakaogehalt)*
- *4 Eigelb*
- *300 g Zucker*
- *80 g Butter*
- *200 g Sahne*
- *8 EL Kakaopulver*

- Die Schokolade in kleine Stücke brechen und im Wasserbad schmelzen.

- Die Eigelbe gemeinsam mit 200 g Zucker schaumig schlagen.

- Die Butter bei niedriger Hitze zerlassen, Sahne sowie restlichen Zucker einrühren. Das Ganze mit einem Schneebesen gründlich verrühren.

- Über die Eigelbmasse 4 EL Kakaopulver sieben, die geschmolzene Schokolade und die Butter-Sahne-Mischung untermengen. Das Ganze nochmals kräftig aufschlagen.

- Die Masse auf einem mit Backpapier belegten Blech verteilen und über Nacht an einem kühlen Ort fest werden lassen.

- Am nächsten Tag mit einem Teelöffel kleine Mengen abstechen, mit den Händen kleine Kugeln formen und diese im restlichen Kakaopulver wälzen.

- Die Trüffel vor dem Servieren einige Stunden kühl stellen.

255 La Toscana nel bicchiere

Weine

Der Weinbau Italiens blickt auf eine lange Geschichte zurück, schon die Etrusker kultivierten ab dem 8. Jahrhundert v. Chr. Wein, und in der Blütezeit des Römischen Reichs war Wein ein nicht wegzudenkender Bestandteil der Alltagskultur. Für die Toskana gilt das heute noch, sie ist neben der Region Piemont das berühmteste Weinanbaugebiet Italiens. Es umfasst über 60 000 Hektar Rebfläche.

Die Hauptrebsorte ist der *Sangiovese*, und die Vielfalt der Rotweine, die aus Unterarten dieser Traube innerhalb eines Gebietes gewonnen wird, zeugt von der besonderen Beziehung zwischen der Landschaft und seinen Bewohnern. Rund um den Ort Montalcino in der Provinz Siena werden die bedeutendsten Weine angebaut, etwa der *Brunello*, der seinen guten Ruf (und seinen hohen Preis) vor allem dem renommierten Weingut Biondi Santi verdankt. Der *Brunello di Montalcino* und der *Rosso di Montalcino* werden zu 100 Prozent aus einer Unterart der Sangiovese-Traube erzeugt, der *Brunello*-Traube, die auch als *Sangiovese Grosso* bezeichnet wird. Inzwischen ist der *Brunello* so begehrt, dass er von einer wachsenden Anzahl großer und kleinerer Weinproduzenten hergestellt wird.

Der Chianti besteht ebenfalls im Wesentlichen aus Sangiovese-Trauben (80 Prozent), als klassisches Chianti-Gebiet gilt die Gegend zwischen Florenz und Siena. Nur Wein, der aus dieser Region stammt, darf *Chianti Classico* oder *Chianti Classico Riserva* genannt werden. Außerdem dürfen für diese Bezeichnungen nur bestimmte Rebsorten gemischt werden. Neben der Sangiovese sind dies Canaiolo und Cabernet Sauvignon, und der Riserva muss mindestens zwei Jahre in Eichenfässern gelagert werden. Früher war Chianti ein Synonym für durchschnittlichen bis minderwertigen roten Tafelwein, der häufig in strohumflochtenen, bauchigen Flaschen verkauft wurde, doch heutzutage werden von kleinen Chianti-Classico-Winzern echte Spitzenweine produziert, insbesondere rund um die Ortschaften Gaiole, Castelnuovo Berardenga und Panzano.

Denominazione die Origine Controllata e Garantitia (DOCG) ist in Italien die kontrollierte und garantierte Ursprungsbezeichnung für Weine, die höchsten Qualitätsansprüchen genügen müssen. Diese Weine erhalten ein staatliches

Garantiesiegel. Die Toskana verfügt über acht DOCG-Gebiete. Neben den bereits erwähnten weltbekannten *Brunello di Montalcino* und *Chianti* sind dies: *Vino Nobile di Montepulciano*, *Carmignano*, *Montecucco Sangiovese*, *Morellino di Scansano*, *Chianti classico* und *Vernaccia di San Gimignano*.

Im Aufsteigen begriffen sind die Weine aus Bolgheri und Suvereto in der Provinz Livorno. Das Weingut Petra in Suvereto hat beispielsweise einen Rotwein namens *Ebo Val di Cornia Suvereto* im Angebot, der von Fachzeitschriften mehrfach ausgezeichnet wurde. Bolgheri wurde in den 1980er Jahren durch den Rotwein *Sassicaia* berühmt, dessen Geschichte nach dem Zweiten Weltkrieg begann. 1944 pflanzte der Marchese della Rocchetta auf einem steinigen Hang die Rebsorten Cabernet Sauvignon und Cabernet Franc an. Aufgrund der vielen Steine (ital.: »sassi«) im Boden wurde der Wein *Sassicaia* genannt. Er war zunächst nur für den privaten Gebrauch bestimmt; Ende der 1960er Jahre kamen die ersten Flaschen des vollmundigen Weins in den Handel. Er war bald so erfolgreich, dass er zahlreiche Nachahmer fand und heute als Vater der »Supertoskaner« gilt.

Die wichtigsten weißen Rebsorten, die in der Toskana angepflanzt werden, sind Trebbiano, Verdiccio, Vernaccia, Vermentino und Pinot Blanc.
Die Sorte Vermentino wird auch Malvasia genannt.
Erwähnenswert sind der *Vernaccia di San Gimignano*, ein frischer, feiner Weißwein aus der »Stadt der Türme«, wie San Gimignano im Volksmund heißt sowie der *Vermentino della Costa Bolgheri*.

Eine Spezialität der Toskana ist *Vin Santo*, ein Dessertwein aus luftgetrockneten, teilrosinierten Trauben der weißen Rebsorten Trebbiano und Malvasia. Er wird in den Geschmacksrichtungen trocken bis sehr süß ausgebaut und häufig gemeinsam mit Cantuccini – einem traditionellen Mandelgebäck aus der Provinz Prato nahe Florenz – serviert. Die ziemlich harten Kekse werden zuerst in den Wein getaucht und dann genossen.

Federico Graziani,
mehrfach ausgezeichneter Sommelier

CANTINA

Badia a Coltibuono

Rebsorte: Sangiovese, Canaiolo, Ciliegiolo, Colorino
Qualitätsstufe: Chianti Classico DOCG
Weingut: Badia a Coltibuono, Gaiole in Chianti (Siena)

Dieser Rotwein hat eine kräftige rubinrote Farbe, ein Bukett nach Kirschen und frischen Waldbeeren wobei sein Geschmack trocken ist; mit elegantem und ausgewogenem Tannin und angenehm langlebigem Abgang.
Trinktemperatur: 18–20 °C

Il Bosco

Rebsorte: Syrah
Qualitätsstufe: Cortona DOC
Weingut: Tenimenti Luigi d'Alessandro, Cortona (Arezzo)

Dieser Rotwein ist von rubinroter Farbe, mit weichem und elegantem Tannin, von fruchtigem, süßlichem, aber auch würzigem Geschmack. Passt hervorragend zu Wildgerichten und Braten oder den typischen toskanischen Käsesorten.
Trinktemperatur: 18–20 °C

Brunello di Montalcino

Rebsorte: Sangiovese
Qualitätsstufe: Brunello di Montalcino DOCG
Weingut: Cantina La Fiorita, Montalcino (Siena)

Ein Rotwein von granatroter Farbe, intensivem und reichem Duft sowie einer Note von Dörrpflaumen, Veilchen, Lakritze und Schokolade. Der Geschmack erinnert an rote Früchte, mit aromatischem, würzigem Abgang.
Trinktemperatur: 17–18 °C

Brunello di Montalcino Annata

Rebsorte: Sangiovese Grosso BBS11
Qualitätsstufe: Brunello di Montalcino DOCG
Weingut: Tenuta Greppo Biondi-Santi, Montalcino (Siena)

Das Besondere an diesem Rotwein ist die lange Haltbarkeit. Der Wein ist zwischen 20 und 40 Jahren lagerfähig. Dieser Rotwein ist von kräftiger, rubinroter Farbe, verströmt einen Duft nach Rosenblättern, hat ein harmonisches, feinkörniges Tannin und einen warmen, vollmundigen Geschmack.
Trinktemperatur: 17–18 °C

Castello di Ama Riserva

Rebsorte: Sangiovese 80%, Malvasia Nera, Merlot und Cabernet Franc
Qualitätsstufe: Chianti Classico Riserva DOCG
Weingut: Castello di Ama, Gaiole in Chianti (Siena)

Dieser Rotwein ist von rubinroter Farbe und besitzt ein lang anhaltendes, elegantes, reiches Bukett für Nase und Gaumen. Das Tannin ist samtig und verführerisch. Köstlicher Geschmack und Süffigkeit zeichnen diesen Wein aus.
Trinktemperatur: 18–20 °C

Castello di Bolgheri

Rebsorte: Cabernet Sauvignon 60%, Cabernet Franc 20% und Merlot 20%
Qualitätsstufe: Bolgheri Superiore DOC
Weingut: Castello di Bolgheri, Castagneto Carducci (Livorno)

Ein erlesener Rotwein mit einem leuchtenden Rot, würzigem Duft nach Pflaumen, Kirschen und Rhabarber und einer feinen Note nach Kakao und geröstetem Kaffee. Verwöhnt den Gaumen durch volles Volumen und ein unverwechselbares Bukett. Ausgewogener Abgang. Passt besonders gut zu Risotto, Rind-, Kalbfleisch und Geflügel.
Trinktemperatur: 18–20 °C

Castello di Monna Lisa

Rebsorte: Sangiovese 80%, Merlot und Cabernet Sauvignon 20%
Qualitätsstufe: Chianti Classico DOCG Riserva
Weingut: Villa Vignamaggio, Greve in Chianti (Florenz)

Ein Rotwein von kräftiger, rubinroter Farbe, mit Noten von Granatapfel, Eichenholz und Wildbeeren. Zeichnet sich durch ein weiches, lang anhaltendes Bukett voller Eleganz aus.
Passt hervorragend zu Antipasti, Risotto mit Steinpilzen, Pesto und kräftigen Käsesorten.
Trinktemperatur: 18–20 °C

Cristino

Rebsorte: Aleatico
Qualitätsstufe: Aleatico Toscano IGT
Weingut: La Piana, Capraia Isola (Livorno)

Hier handelt es sich um einen Süßwein, der von kräftigem Purpurrot ist und mehrere Geschmacksnoten in sich vereint: Heckenrosen, Walderdbeeren, Heidelbeeren und Wiesenkräuter. Die Süße ist nicht aufdringlich, sondern erinnert an Kirschmarmelade mit einem feinen Abgang und einer Zimtnote.
Der Süßwein enthält 15 % Alkohol und wird zu Keksen, Kastanien, Desserts mit dunkler Schokolade oder aromatischen Käsesorten getrunken.
Trinktemperatur: 12–16 °C

Cupano

Rebsorte: Sangiovese
Qualitätsstufe: Rosso di Montalcino DOC
Weingut: Cupano, Montalcino (Siena)

Ein Rotwein, bei dem sich Nuancen von fruchtigem Geschmack, Zitrusfrüchten und Kräutern mit feinwürzigen Noten vereinen.
Am Gaumen sehr vollmundig, harmonisch und reichhaltig.
Passt wunderbar zu Salami und Frischkäsesorten.
Trinktemperatur: 18–20 °C

Donna Olimpia 1898

Rebsorte: Cabernet Sauvignon, Merlot, Petit Verdot, Cabernet Franc
Qualitätsstufe: Bolgheri DOC
Weingut: Donna Olimpia 1898, Bolgheri, Castagneto Carducci (Livorno)

Von intensivem Granatrot mit violetten Lichtreflexen. In der Nase angenehm mineralischer Duft mit einem Hauch von Zimt, Brombeere, Heidelbeere, Pfeffer, Kakao und Lakritze. Am Gaumen voll und ausgewogen mit lang anhaltendem, angenehmem Abgang, der an Marmelade erinnert.
Passt sehr gut zu Wildgerichten, rotem Fleisch und aromatischem Käse.
Trinktemperatur: 18–20 °C

Fèlsina

Rebsorte: Malvasia, Trebbiano und Sangiovese
Qualitätsstufe: Vin Santo del Chianti Classico DOC
Weingut: Fèlsina, Castelnuovo Berardenga (Siena)

Ein ausgewogener Weißwein von goldgelber Farbe mit kupferartigen Lichtreflexen. Duft von Pfirsichen, Aprikosen, Ananas und tropischen Früchten. Am Gaumen eine weiche, elegante Fruchtnote.
Passt sehr gut zu Fischgerichten, Meeresfrüchten und mildem Risotto.
Trinktemperatur: 8–10 °C

Grattamacco

Rebsorte: Vermentino
Qualitätsstufe: Bolgheri Vermentino DOC
Weingut: Colle Massari, Cinigiano (Grosseto)

Wunderbar ausgewogener Weißwein mit einer Note von Zitrusfrüchten, gelbem Pfirsich, Mandeln, Kamilleblüten, Pfefferminze und Salbei. Am Gaumen frisch und dennoch weich.
Empfiehlt sich zu Fischgerichten, Antipasti, kaltem Braten, Kalbsfrikassee und weichem Käse.
Trinktemperatur: 8–10 °C

B3
BRUNELLO
2003

Paleo

Rebsorte: Sauvignon Blanc 70%, Chardonnay 30%
Qualitätsstufe: Toscana IGT
Weingut: Le Macchiole, Bolgheri, Castagneto Carducci (Livorno)

Ein köstlicher Weißwein von strohgelber Farbe. Frisches Bukett nach Zitrone und tropischen Früchten, cremige Textur und Noten von Melone und Pfirsich am Gaumen. Schöne Mineralität und tiefgründige aromatische Finesse. Passt hervorragend zu Antipasti, Kalbfleisch, Geflügel und weichem Käse.
Trinktemperatur: 8–10 °C

Petrucci

Rebsorte: Sangiovese
Qualitätsstufe: Orcia DOC
Weingut: Podere Forte, Castiglione d'Orcia (Siena)

Ein Rotwein mit rubinroten Reflexen. In der Nase ein eleganter Kirschblütenduft. Die blumige Note wird von einem würzigen Hauch von Muskatnuss, Nelken und Zimt begleitet. Im Abgang ist ein leichtes Aroma nach Eukalyptus und Minzschokolade bemerkbar. Am Gaumen weich und samtig. Der kraftvolle Rotwein sollte zu Fleischgerichten serviert werden.
Trinktemperatur: 18–20 °C

Piaggia

Rebsorte: Sangiovese 70%, Cabernet 20%, Merlot 10%
Qualitätsstufe: Carmignano Riserva DOCG
Weingut: Piaggia, Poggio a Caiano (Prato)

Dieser Rotwein ist von heller, rubinroter Farbe, erinnert im Duft an reife Früchte mit einem Hauch von Tabak, Schokolade und süßen Gewürzen. Beim Verkosten ist eine kräftige, aber ausgewogene Struktur spürbar.
Rindfleisch- oder Wildgerichte, sehr lange gereifte Käsesorten oder Salami sind die besten Begleiter für diesen Wein.
Trinktemperatur: 16–20 °C

265
Weine

Poggio Valente

Rebsorte: Sangiovese 95%, Merlot 5%
Qualitätsstufe: Morellino di Scansano Riserva DOCG
Weingut: Fattoria Le Pupille, Grosseto

Dieser Morellino di Scansano aus der Crulage »Poggio Valente« zählt zu den Spitzenprodukten des Weinguts Le Pupille. Der Rotwein begeistert mit feinen Sauerkirsch-, Johannisbeer- und Tabakaromen, manche behaupten sogar, beim ersten Schluck schwarze Trüffel herauszuschmecken. Besondere Eleganz und ein unverwechselbares Aroma zeichnen diesen Wein aus. Passt wunderbar zu feinen Braten, Bandnudeln oder Hähnchenrouladen mit schwarzen Trüffeln.
Trinktemperatur: 18–20 °C

Le Serre Nuove dell'Ornellaia

Rebsorte: Merlot, Cabernet Sauvignon, Cabernet Franc, Petit Verdot
Qualitätsstufe: Bolgheri Rosso DOC
Weingut: Ornellaia, Bolgheri, Castagneto Carducci (Livorno)

Der Serre Nuove dell'Ornellaia 2010 zeichnet sich durch eine intensive, fruchtige Note mit Anklängen an Tabak und Gewürze aus. Am Gaumen entwickelt sich eine feine Struktur mit seidigem Tannin und einem komplexen Aroma. Dichtes, sehr beständiges Finale. Der Rotwein wurde vielfach ausgezeichnet. Er sollte vielleicht zu besonderen Gelegenheiten serviert werden und rundet den Fleischgang eines festlichen Menüs perfekt ab.
Trinktemperatur: 18–20 °C

Solare

Rebsorte: Sangiovese und Malvasia Nera
Qualitätsstufe: Toscana IGT
Weingut: Capannelle, Gaiole in Chianti (Siena)

Ein intensives Rot, mit granatapfelroten Lichtreflexen, ist charakteristisch für diesen Rotwein. Die Blume ist kräftig, nachhaltig, aromatisch, mit einem Aroma von Herbstblättern, Moschus, Vanille, Mandeln, Pflaumen und Magnolienblüten. Am Gaumen ist der Wein samtig, nachhaltig, rund und fein. Passt sehr gut zu Wurstplatten, Fleischgerichten, Stockfisch oder würzigem Käse.
Trinktemperatur: 18–20 °C

Tropìe

Rebsorte: Vernaccia di San Gimignano
Qualitätsstufe: Vernaccia di San Gimignano DOCG
Weingut: Il Lebbio, San Gimignano (Siena)

Dieser Weißwein wird mit den besten Vernaccia-Trauben von San Gimignano hergestellt. Eine sorgfältige Pressung und eine langsame Fermentierung machen aus diesen Trauben einen stark duftenden Wein mit ausgereiftem Körper und fruchtig-blumigem Aroma.
Ein idealer Wein für Fischgerichte, weiße Fleischsorten oder Frischkäse.
Trinktemperatur: 8–10 °C

Vermentino

Rebsorte: Vermentino
Qualitätsstufe: Toscana IGT
Weingut: Poggio Argentiera, Grosseto

Aus Vermentino-Trauben wird an der Küste der Maremma einer der bekanntesten und beliebtesten Weißweine hergestellt. Dieser Wein wird besonders gerne zu den zahlreichen Fischgerichten der Küste gereicht. Aromen und ein Bukett von Zitrusfrüchten, Pfirsichen, Myrte und mediterraner Flora zeichnen diesen Weißwein aus.
Er ist frisch, angenehm in der Säure und für einen alltäglichen Wein doch etwas Besonderes.
Trinktemperatur: 8–10 °C

Vignamaggio

Rebsorte: Cabernet Franc
Qualitätsstufe: Toscana IGT Rosso
Weingut: Villa Vignamaggio, Greve in Chianti (Florenz)

Ein hervorragender Rotwein mit tiefroter Rubinfarbe mit einem intensiven und nachhaltigen Duft nach Himbeeren und schwarzen Beeren. Warmer, vollmundiger Geschmack.
Ein idealer Begleiter zu Fleischgerichten und weichem Käse.
Trinktemperatur: 18–20 °C

Villa di Capezzana

Rebsorte: Sangiovese 80%, Cabernet Sauvignon 20%
Qualitätsstufe: Carmignano DOCG
Weingut: Tenuta di Capezzana, Carmignano (Prato)

Dieser Wein ist von intensiver, rubinroter Farbe, hat elegante Aromen mit einer Note von schwarzen Kirschen und Himbeeren, vermischt mit reifen Früchten. Am Gaumen ist er weich und samtig. Nachhaltiges Finale mit einem Anklang an süße Lakritze.
Passt wunderbar zu Lammfleisch, mit mediterranen Kräutern gewürzten Gerichten und zu aromatischem Käse.
Trinktemperatur: 18–20 °C

Vin San Giusto

Rebsorte: Malvasia 90%, Trebbiano 8%, Sangiovese und Canaiolo 2%
Qualitätsstufe: Vin Santo DOC
Weingut: San Giusto, Rentennano, Gaiole in Chianti (Siena)

Dieser bernsteinfarbene Süßwein vereint die Aromen von Karamell, schwarzen Johannisbeeren, dunkler Schokolade, Feigen und Quitten. Am Gaumen sehr voluminös und lang anhaltend. Im Finale kommt eine dezente Bitternote zum Vorschein, die die enorme Süße ideal überlagert.
Passt wunderbar zu mit Kräutern hergestelltem Käse, Gänseleber und Bitterschokolade.
Trinktemperatur: 12–16 °C

Vino Nobile di Montepulciano

Rebsorte: Sangiovese 100%
Qualitätsstufe: Vino Nobile di Montepulciano DOCG
Weingut: Avignonesi, Montepulciano (Siena)

Ein kirschroter, eleganter Rotwein, der nach reifen Wildfrüchten duftet. Vollmundiger, kräftiger Geschmack und langer Abgang, im Finale mit einem Hauch Eukalyptus.
Der Wein passt sehr gut zu Kaninchen, Spaghetti mit Morcheln oder Trüffeln, Kalbfleisch und Geflügel sowie Käse.
Trinktemperatur: 15–19 °C

VIA
DELL'AMORE

GOOD WINE
GREAT FRIENDS

271 Tuscookany

Der Begriff »Tuscookany« setzt sich aus den englischen Bezeichnungen für »Toskana« und »Kochen« zusammen. Dahinter verbirgt sich eine Gemeinschaft von drei italienischen Spitzenköchen, die an verschiedenen Orten in der Toskana Kochkurse anbieten, die drei bis sieben Tage dauern. Unterkunft und Verpflegung sind dabei inbegriffen und die Häuser, in denen die Gäste logieren, sind bereits Urlaub pur, da es sich um drei wunderschöne Villen in prachtvoller Umgebung handelt.
Hier treffen sich die Liebhaber guten Essens aus der ganzen Welt, um ihr Können in der Zubereitung italienischer Speisen zu verfeinern und um die kulinarische Tradition der Toskana näher kennen zu lernen.
Eines dieser Häuser trägt den Namen **Torre del Tartufo** (»Trüffelturm«); es ist ein Anwesen aus dem 17. Jahrhundert, das auf den Hügeln in der Nähe von Arezzo und mitten im Trüffelgebiet liegt. Es zählt zu den außergewöhnlichsten Residenzen von Tuscookany, die Villa wurde luxuriös renoviert und verfügt über zwölf Doppelzimmer, sieben Einzelzimmer und mehrere Suiten. In diesen Gemäuern kann man kulinarische Ferien vom Feinsten genießen, sich an der Trüffelsuche beteiligen und anschließend unter Anleitung Speisen mit den edlen Pilzen zubereiten. Torre del Tartufo ist von einem zwölf Hektar großen Park umgeben und etwa eine Autostunde von Florenz entfernt. Arezzo erreicht man in zirka fünfzehn Minuten.

Eine weitere Villa aus dem 17. Jahrhundert, die Villa **Casa Ombuto**, steht auf einem 80 Hektar großen Gelände und ist nur wenige Kilometer von Poppi entfernt, einem malerischen, mittelalterlichen Dorf, das fünfzig Kilometer südlich von Florenz liegt. Die Abgeschiedenheit des Anwesens verspricht Entspannung, die Casa Ombuto beherbergt auch einen Spa-Bereich.

Der dritte Veranstaltungsort von Tuscookany ist die **Villa Bellorcia**, ein wunderschöner Landsitz im Tal Orcia, in der Nähe von Cetona. Das Tal Orcia zählt seit 2004 zum Weltkulturerbe der UNESCO, die Landschaft mit ihren flachen Ebenen und sanften Hügeln inspirierte viele Künstler. Bellorica ist etwa eine Autostunde von Siena entfernt.

Die Kochkurse in einer der drei Villen können von Anfang Mai bis Mitte November gebucht werden. Neben anderen Auszeichnungen wurde Tuscookany von der britischen Wochenzeitung *The Observer* zu einer der besten zehn Kochschulen Europas deklariert. In diesen herrlichen Villen werden die Teilnehmer in kleinen Gruppen von den renommiertesten italienischen Küchenchefs der Toskana unterwiesen. Das Unternehmen Tuscookany wurde 1999 gegründet, und wichtiges Auswahlkriterium für seine Lehrmeister ist neben herausragenden Kochkünsten auch die Freude am Weitergeben von Wissen. Wie alle großen Küchenchefs haben auch die Köche von Tuscookany bei den eigenen Müttern und Großmüttern, zuweilen sogar bei ihren Urgroßmüttern kochen gelernt.

Schwerpunkt der Kochkurse sind bodenständige, toskanische Gerichte, die relativ einfach zuzubereiten sind. Dabei kommen nur regionale, saisonale und frische Produkte sowie schonende Garmethoden zum Einsatz. In der Regel werden viergängige Menüs gekocht, die jeweils mehrere Speisen umfassen; die Pasta wird selbstverständlich selbst gemacht. Teilnehmen können alle, die Freude am Kochen haben, auch Anfänger. Das Mindestalter beträgt 12 Jahre (in Begleitung eines Erwachsenen), nach oben hin ist die Altersgrenze natürlich offen. Allergien und Unverträglichkeiten können problemlos berücksichtigt werden. Die Kurse finden in englischer Sprache statt.

Am Ende eines Kochkurses genießen die Teilnehmer unter einer blühenden Pergola die zubereiteten Gerichte an einer langen Tafel inmitten der bezaubernden Landschaft der Toskana.

Die Köche von Tuscookany

Paola Baccetti
Wurde in Bibienna im Tal von Casentino geboren, ist also eine waschechte Toskanerin. Paola ist eine Köchin aus Leidenschaft. Schon als junges Mädchen hat sie ihrer Mutter und ihrer Großmutter beim Kochen zugesehen oder geholfen und somit ihre ersten Lektionen erhalten. Ab ihrem elften Lebensjahr verbrachte sie jeden Sommer bei ihrem Onkel und ihrer Tante, die in Rom ein renommiertes toskanisches Restaurant betrieben. Auch dort machte sie sich in der Küche nützlich und wurde in die Geheimnisse der toskanischen Kochkunst eingeweiht. 1987 eröffnete sie mit ihrem Mann das Restaurant »Porta de Fabbri« in der Altstadt von Bibienna, das schon bald sehr beliebt wurde. Paola hat Lehramt studiert, und nach zehn Jahren als erfolgreiche Restaurantinhaberin entschloss sie sich, ihre beiden Passionen – Lehren und Kochen – zu vereinen. Also gab sie Kochkurse, zunächst in Florenz, später auch in Kalifornien. Seit 2003 gehört sie zum Team von Tuscookany, sie ist die Küchenchefin der Casa Ombuto.
Paolas Motto ist »Menschen mit Essen glücklich zu machen«, sie verwendet ausschließlich regionale Zutaten aus biologischer Landwirtschaft. Köstliche Gemüsegerichte liegen ihr besonders am Herzen; sie gehören zu ihren Spezialitäten. Paola lebt mit ihrem Mann, zwei Kindern, Pferden und Hunden in einem toskanischen Bauernhaus in der Nähe von Poppi.

Laura Giusti
Wurde in Subbiano, einem kleinen Dorf bei Arezzo im Herzen der Toskana geboren. Sie hat an der Universität von Siena italienische Literatur und Philosophie studiert, ihre Leidenschaft für Essen und Wein bewog sie jedoch, eine Ausbildung als Sommelier zu absolvieren. Ihre Kochkunst erlernte sie bei berühmten Küchenchefs in Florenz, Rom und Lucca.
1989 eröffnete sie gemeinsam mit ihrem Bruder in Capolona ein eigenes Restaurant, das »Il Gardino Sull 'Arno«, wo sie sich auf Bankette und Hochzeiten spezialisierte. Durch diese Tätigkeit wurde ihr bewusst, dass die Kunst des Kochens mit anderen geteilt und gelehrt werden sollte.

2002 gab Laura ihre ersten Kochkurse, sie ist davon überzeugt, damit ihre wahre Berufung gefunden zu haben. Denn nun kann sie ihre Liebe zum Kochen und zum Wein sowohl Italienern als auch Menschen aus anderen Ländern vermitteln. Sie erteilt Kurse in der Villa Bellorica. Wenn sie einmal nicht am Herd steht und Rezepte ausprobiert, geht sie gerne mit ihrem Hund Fox in den Hügeln ihrer geliebten Toskana spazieren.

Franco Palandra
Wurde in einem kleinen Dorf bei Caserta in Süditalien geboren. Im Alter von vierzehn Jahren fing er eine Ausbildung in einer Hotelfachschule an, die er nach fünf Jahren mit einem Diplom abschloss. In den Sommerferien arbeitete er in Restaurants und Hotels in ganz Italien, um regionale Kochtraditionen kennen zu lernen.
Nach seiner Ausbildung lebte Franco einige Zeit in Ligurien, einer Region, die seinen Kochstil stark geprägt hat. Danach arbeitete er bei verschiedenen Küchenchefs in England, Frankreich, der Schweiz und Griechenland.
Franco hat zwei Leidenschaften: Kochen und Reisen. Er bereiste Dänemark, Luxemburg, Griechenland und vor allem England, seine zweite Heimat, der er nur »untreu« wurde, weil er Heimweh nach der Toskana hatte. Vorher reiste er allerdings mit seiner Lebensgefährtin auf Kreuzfahrtschiffen. In kürzester Zeit gelang es ihm, Chefkoch des italienischen Restaurants auf der *Caronia*, einem Luxuskreuzfahrtschiff, zu werden.
Franco war auch Chefkoch des Restaurants »Logge Vasari« in Arezzo. Dort konnte er die verschiedensten Zubereitungsarten anwenden, die er sich auf seinen zahlreichen Reisen angeeignet hatte. Dabei legte er stets Wert auf frische Zutaten und traditionelle italienische Rezepte.
Seit 2004 ist er Küchenchef im Torre del Tartufo. Dort versucht er seine große Leidenschaft für das Kochen und seine Liebe zur Toskana und deren Produkten zu vermitteln. Franco beherrscht die Kunst, einfache Rezepte in raffinierte Speisen zu verwandeln. Er lebt mit seiner Freundin und seinem Hund in Arezzo. In seiner Freizeit betätigt sich Franco als Hobbyfotograf und unterstützt ein Tierheim für Hunde.

Glossario

Glossar

Acquacotta

Bedeutet wörtlich übersetzt »gekochtes Wasser« und ist eine typische Gemüsesuppe aus der Region Maremma. Es gibt zahlreiche Varianten, die Grundzutaten sind jedoch meist gutes Olivenöl, Zwiebeln, Tomaten, frisches Gemüse, Pilze, altbackenes Weißbrot, Eier und Parmesan oder Pecorino. Das Weißbrot wird geröstet und zum Schluss auf die fertige Suppe gelegt oder in tiefe Teller – und dann mit Suppe übergossen. Die Eier werden kurz in der Suppe pochiert. Vor dem Servieren wird die Aquacotta mit Käse bestreut.

Cacciucco

Ein Fischgericht aus Livorno. Die Suppe wird aus verschiedenen Fischen, Krustentieren und Muscheln hergestellt. Traditionell enthält sie Miesmuscheln, Kraken, Tintenfische, Heuschreckenkrebse, Glatthai, Knurrhahn und Drachenkopf. Die Fische werden in einer Mischung aus Fischbrühe und reichlich Tomaten gegart und auf gerösteten Brotscheiben angerichtet.

Cantucci

Diese Kekse werden auch »Biscotti di Prato« genannt, weil das Mandelgebäck aus der Provinz Prato nahe Florenz stammt. Hierfür werden Mehl, Mandeln, Zucker, Eier, Amaretto und verschiedene Gewürze wie Kardamom, Zimt, Nelken und Sternanis zu einem Teig verarbeitet, der zu länglichen Laiben geformt wird. Cantucci werden wie Zwieback zweimal gebacken. Nach dem ersten Backen werden die Laibe in fingerdicke Scheiben geschnitten und nochmals gebacken, wodurch sie mürbe und haltbar werden. Cantucci werden gerne zu Vin Santo gereicht, man taucht sie in den Süßwein und genießt sie dann.

Carabaccia

Florentinische Zwiebelsuppe. Das Rezept soll zur Zeit der Renaissance entstanden und eines der Lieblingsgerichte von Leonardo da Vinci gewesen sein. Katharina von Medici brachte es nach Frankreich, dort wurde es in *Soupe à l'oignon* umgetauft, die heute auf der ganzen Welt berühmt ist.

Cecigliano

Eine Gemüsesuppe aus Kichererbsen, Bohnen, Kastanien und Mais.

Cecina

Andere Bezeichnung für »Farinata« oder »Torta di Ceci«; Fladen aus Kichererbsenmehl, Olivenöl, Salz und Wasser. Das Gericht ist in der Toskana entlang der Küste verbreitet.

Cenci

Regionale Bezeichnung für ein Gebäck, das während des Karnevals in ganz Italien zubereitet wird. Mehl, Eier und Zucker werden zu einem Teig verarbeitet, der in längliche Streifen geschnitten, zu Schleifen geformt und anschließend in heißem Öl herausgebacken wird. Danach werden die Cenci mit Puderzucker bestreut.

Chianina

Älteste Rinderrasse Italiens, die vor allem im Chiana-Tal in der Toskana gehalten wird, daher rührt der Name für diese außergewöhnlich großen Rinder. Aus ihrem schmackhaften Fleisch wird das berühmte *Bistecca alla Fiorentina* (T-Bone-Steak nach Florentiner Art, siehe auch Seite 139) geschnitten.

Crespelle

Sind mit französischen Crêpes vergleichbar. Ein dünner und weicher Teig aus Mehl (auch Kastanienmehl), Eiern, Milch und Butter wird in einer beschichteten Pfanne zu dünnen Pfannkuchen herausgebacken und anschließend herzhaft oder süß gefüllt, in Florenz bevorzugt mit Spinat und Ricotta.

Fettunta

Wörtlich bedeutet dieser Ausdruck »fettige Brotscheibe«. Die Fettunta ist eine typisch toskanische Vorspeise bzw. Bruschetta: geröstetes Brot wird mit frischem Knoblauch eingerieben und mit hochwertigem, kalt gepressten Olivenöl beträufelt.

Gnudi

Ähneln Gnocchi und sind kleine Klöße aus Ricotta, etwas Mehl und Spinat.

Lampredotto

Kulinarische Spezialität aus Florenz, wird häufig im Straßenverkauf angeboten. Labmagen vom Rind wird in Suppe gekocht, gewürzt, aufgeschnitten und in runde Brötchen gefüllt.

Lattaiolo

Toskanisches Dessert. Gebackene Milchcreme, deren Konsistenz Pudding ähnelt. Das Rezept dafür finden Sie auf Seite 226.

Maltagliati

Frischer Nudelteig, der unregelmäßig geformt ist. Früher handelte es sich bei Maltagliati um Teigreste, die bei der Herstellung von Tagliatelle übrig blieben, meist von den Rändern, daher waren sie ein beliebtes Arme-Leute-Essen.

Panforte

Spezialität aus der Stadt Siena und deren Umgebung. Ursprünglich ein traditionelles Weihnachtsgebäck, wird heute jedoch das ganze Jahr als Dessert gereicht. Für Panforte wird aus Mehl, Mandeln, kandierten Früchten, Eiweiß, Zucker, Honig und Gewürzen ein Teig hergestellt, der dann auf runden Oblaten gebacken wird. Anschließend wird er mit Puderzucker bestäubt und muss längere Zeit durchziehen. Einst war er unter dem Namen »panpepato« – »gepfeffertes Brot« bekannt, da der Teig unter anderem mit einer Prise schwarzem Pfeffer gewürzt wurde. Das Rezept für Panforte finden Sie auf Seite 234.

Panzanella

Ein kalter oder lauwarmer Salat mit zerkleinertem, altbackenem Brot, Tomaten, Zwiebeln, Gurken, Olivenöl und Essig. Dieser Brotsalat soll bereits im 16. Jahrhundert in der Toskana verbreitet gewesen sein und enthielt bis zum 20. Jahrhundert wohl keine Tomaten.

Pici

Nudelsorte aus der südlichen Toskana, insbesondere der Region um Montepulciano. Pici sind dicke, hohle Spaghetti, die aus Hartweizengrieß oder Mehl hergestellt und von Hand gerollt werden. Das Rezept für Pici finden Sie auf Seite 82.

Pulezze

Lokal verwendeter Ausdruck für die frischen Triebe bzw. das Kraut von Kohlrüben.

Ribollita

Gemüsesuppe mit altbackenem Brot, Gemüse (Schwarzkohl und Bohnen) und Olivenöl. Ribollita bedeutet wörtlich übersetzt »erneut gekocht« und bestand ursprünglich aus Resten der Suppe vom Vortag, die in eine mit Brotscheiben ausgelegte Schüssel gegeben, mit Zwiebelringen bedeckt und im Ofen erhitzt wurden, bis die Zwiebeln goldbraun waren.

Ricciarelli

Feine Mandelkekse aus Siena. Sie werden aus gemahlenen Mandeln, Zucker, Eiweiß, Zitronen- oder Orangenschale hergestellt. Nach dem Backen werden sie dick mit Puderzucker bestäubt. Das Rezept für Ricciarelli finden Sie auf Seite 244.

Rigatino

Der klassische toskanische Rigatino besteht aus dem Bauchspeck des Schweins, der mit Knoblauch, Salz und Pfeffer gewürzt wird und anschließend gute vier Monate reift.

Testaroli

Spezialität aus der Region Lunigiana im Norden der Toskana. Wasser und Mehl werden wie ein Pfannkuchenteig angerührt und in speziellen Pfannen, den »Testi« (daher der Name), über offenem Feuer zu Fladen herausgebacken, dann in Rauten geschnitten, kurz in Salzwasser gekocht und anschließend dünn mit Basilikumpesto bestrichen.

Indice delle ricette

Rezeptverzeichnis

Besonderer Dank gilt:

Federico Graziani, für die Auswahl von 24 Weinen. Graziani ist renommierter Sommelier, der mehrfach ausgezeichnet wurde sowie Autor mehrerer Fachbücher über italienische Weine.

Massimiliano Marzotti für die Empfehlung der zu den Gerichten passenden Weine.

Leonardo Marchesin für seine wertvolle Unterstützung.

Redaktionsmanagement:
William Dello Russo
Projektmanagement und Bildauswahl:
Giovanni Simeone
Layout:
WHAT! Design
Seitenlayout:
Jenny Biffis
Qualitätskontrolle:
Fabio Mascanzoni

Die Originalausgabe erschien unter dem Titel *Toscana in cucina*
2013 bei Sime Books, San Vendemiano, Italien

Aus dem Italienischen von Sonja Schroll

1. Auflage 2014

Seitenlayout und Satz: Stephan Schöll, München
Printed in Italy

www.gerstenberg-verlag.de

ISBN 978-3-8369-2098-8

Fotonachweis

Die Fotos des Umschlags und der Gerichte stammen von **Colin Dutton,** mit Ausnahme von:

Stefano Amantini: Seiten 31, 112, 140, 141, 143 (4), 102–103
Massimo Borchi: Seiten 85, 89, 130, 103
Stefano Brozzi: Seite 158
Matteo Carassale: Seiten 4–5, 14, 18–19, 23, 36, 48–49, 257
Stefano Cellai: Seiten 79, 150, 157, 159, 190, 191
Guido Cozzi: Seite 131, 171, 183
Gabriele Croppi: Seite 212
Olimpio Fantuz: Seiten 56–57, 252–253
Johanna Huber: Seiten 232, 262
Tim Mannakee: Seite 186
Maurizio Rellini: Seiten 8–9, 20, 69, 90–91, 151, 269
Massimo Ripani: Seiten 22, 122–123, 208, 213, 229, 247
Stefano Scatà: Seiten 39, 40–41, 72, 101, 110, 162–163, 166–167, 169, 173, 187, 245, 251
Giovanni Simeone: Seiten 2–3, 10–11, 113, 198–199
Philippe Vandenbroeck: Seite 17
Luigi Vaccarella: Seiten 97, 268